GERD KISCHE

Jörn Pissowotzki · Leif Tennemann

1. Auflage 2019
© 2019 TENNEMANN media
Buch- und Musikverlag
Gartenweg 30c, 19057 Schwerin
Tel. 0385-77501
www.tennemann-media.de
www.tennemann.com

Interviewpartner: Gerd Kische
Interviewer: Jörn Pissowotzki, Leif Tennemann
Übertragung der Interview-Aufnahmen: Britta Streiter
Fotos: Martin Börner, Rostock
Grafische Gestaltung, Layout-Satz: Maria Tonn, Wismar
Gedruckt in Deutschland

ISBN: 978-3-941452-6-33

GERD KISCHE

Jörn Pissowotzki · Leif Tennemann

TENNEMANN

Jörn Pissowotzki, geboren 1973 in Grevesmühlen, hat an der Universität Rostock in Politikwisenschaft promoviert. Er ist Reporter wie auch Moderator bei NDR 1 Radio MV, Antenne Brandenburg und DeutschlandfunkKultur.

Leif Tennemann, geboren 1960 in Sassnitz a. Rügen, studierte Journalistik. Arbeitet heute als Journalist, Verleger, Moderator und Comedian sowie Geschäftsführer der TENNEMANN media (u.a. Buch- und Musikverlag). Er ist u.a. für NDR 1 Radio MV und andere deutsche Hörfunk- und Printmedien tätig.

Gerd Kische, geboren 1951 in Teterow, wo er auch seine Kindheit und Jugend verbrachte. Er war Stammspieler beim FC Hansa Rostock in der DDR-Oberliga. Gerd Kische spielte 63 Mal für die DDR-Nationalmannschaft und wurde 1976 mit dem Team in Montreal Olympiasieger.

Nach der politischen Wende war der studierte Ingenieurökonom unter anderem Hansa-Präsident und Manager des Vereins. Gerd Kische lebt heute in der Nähe von Rostock.

Jörn Pissowotzki, Leif Tennemann:
Als wir zum Interview marschiert sind, sind Sie die Treppe hochgestiegen, haben ganz bewusst den Fahrstuhl nicht genommen. Ist das so'ne Gesundheitsauffassung, dass man sagt: Ja, da halte ich mich dran. Das mache ich, nehme öfter mal die Treppe anstatt des Fahrstuhls?

Gerd Kische:
Ich muss ja dabei jetzt ehrlich sein...

Darum bitte ich Sie. Darum sitzen wir ja hier.

Danke, mache ich auch gern. Also, seit ungefähr vier Monaten habe ich rund achtzehn Kilo abgenommen. Und seitdem macht es mir wieder Spaß, auch Treppen zu steigen.

Gibt es Gründe für das Abnehmen?

Ja. Einmal merkt man doch, dass die Kilo dann beim Arbeiten stören. Und das Zweite ist, wenn man eine junge Frau hat, dann sollte man auch nicht so miteinander rumrennen. (lacht)

Wie lange sind Sie jetzt zusammen, das neue, junge Glück?

Fast ein Jahr.

Fast ein Jahr. Na gut, da möchte man schon mithalten können.

So ist es.

Hatten Sie das irgendwann mal, dass Sie gesagt haben: Oh, stopp mal, dieses „Sich-Belasten-Können", dieses „Glauben daran, dass das immer so bleibt", ist doch nicht so? Kennen Sie das überhaupt? Und wenn, wann war das?

Na ja, doch. Man merkt es schon. Mit 50 habe ich immer noch gedacht: Also, boah, das alles interessiert mich nicht. Und dann habe ich aber zwischen 50 und 60 mächtig zugelegt. Dann merkst du doch, es kneift mal da, mal da. Und dann ist ja die Frage, ob du dich dann gehen lässt. Das war bei mir auch 'ne Zeit, wo persönliche Dinge eine Rolle gespielt haben. Und dann kommt der Sportler vielleicht doch durch.

Der sich durchbeißt...

Der sagt, das geht nicht! Du musst dich durchbeißen! Das geht so nicht! Und als ich dann den einen oder anderen Kollegen bei Hansa dort im VIP-Raum sah, dann hab' ich gedacht: Nee, wenn die dich so angucken. Sie selber sehen das ja nicht bei sich. Aber dann habe ich gesagt: Nun ist Schluss! Und hab' dann einfach nur bestimmte Dinge weggelassen und ein bisschen bewusster gegessen.

Hat die neue Liebe da auch einen Anteil daran? Vielleicht hat sie ja gesagt: „Du, Gerd, ich mag' Dich so, wie Du bist!", aber Frauen haben ja dieses Talent, Männer auch, aber Frauen haben's, glaube ich, auf ganz besondere Art und Weise...

Nee, das hat sie nicht gemacht.

Hmh.

Aber ich hab' es gespürt. Sie hat nie was gesagt. Und jetzt sagt sie: „Mann, das hättest Du nicht machen müssen". Aber ich weiß ganz genau, dass es ihr doch gefällt. (lacht)

Gerd Kische, fast 66 Jahre, was bedeutet diese Zahl für Sie?

Da muss ich lange drüber nachdenken. Ja, eigentlich Rentner, aber ich fühle mich überhaupt nicht so. Es ist ein Alter, wo man schon mal zurückblicken kann. Es ist ein Alter, wo man an vielen Dingen auch noch Spaß hat. Und ich fühl' mich wohl, und das war's!

Ist da auch so ein bisschen Unbehagen manchmal dabei, wenn man bedenkt, rein rechnerisch ist ja doch das verbleibende Stück schon überschaubarer geworden?

Ja, das kommt häufiger vor, dass man drüber nachdenkt, dass das Ende nicht so sehr weit weg ist. (schmunzelt) Aber ich versuch', das dann zu schieben, versuche, die Zeit jetzt auch anders zu nutzen als früher.

Was heißt anders?

Anders heißt, bewusster das eine oder andere aufnehmen, bewusster in den Tag gehen. Das heißt, viele Dinge, die man sonst so im Vorübergehen hastig erledigt hat, ordentlich zu machen.

Ein Beispiel, was macht man jetzt ordentlicher, weil man weiß, sind ja jetzt wahrscheinlich keine 50 Jahre mehr?

Nein. Aber nehmen wir mal an, ich frühstücke jetzt ordentlich. Das war früher überhaupt nicht so. Wenn ich dann raus gehe und Spaß habe bei der Jagd, ist das keine Hektik mehr, weil andere Termine schon wieder dazwischen sind, davor oder danach. Sondern ich genieße das dann auf dem Hochsitz und weiß: Ich habe Zeit.

Nun kennen wir Sie ja nicht in erster Linie als Jäger, sondern als Fußballer, als Fußballfunktionär. Wie groß ist der fußballerische Anteil in Ihrem Leben jetzt noch?

Also, der ist sehr gering geworden. Ich besuche ab und zu Spiele, vielleicht jedes zweite. Aber auch dort herrscht Ruhe auf dem Platz, wo ich sitze. Es gibt zwar ein inneres Mitfiebern, aber dass ich mich nun da so ganz spontan über Taktik oder über Technik oder über Schiedsrichter auslasse, das kommt, glaube ich, ganz, ganz selten vor.

Also, ich seh' manchmal so Schauspieler, zum Beispiel. Wenn die im Theater sitzen oder auch vor'm Fernseher, die spielen gerne ein bisschen mit. Nicht nur ihre eigenen Sachen. Das ist einfach so, weil sie's immer gemacht haben. Zuckt's nicht doch ab und zu im Knie?

Dann war ich wahrscheinlich kein richtiger Fußballer. (schmunzelt) Nach innen schon, aber...

... Gelassenheit, das wäre das neue Stichwort. Auch da Gelassenheit?

Ja, ja. Meine Lebensgefährtin, die wundert sich immer. Die zappelt rum und kann gar nicht verstehen, dass ich da so ruhig sitze. Aber es ist so, ich kann ja nichts ändern. Und der eine oder andere will ja auch gar nicht, dass man sich äußert. Also, insofern ist es ganz gut.

Das klingt jetzt so, wenn Sie über den großen fußballerischen Teil in Ihrem Leben sprechen und nachdenken, als ob Sie über jemand ganz anderen reden. Ist das ein ganz anderer Gerd Kische, auf den Sie jetzt zurückblicken, mit dem Sie aktuell eigentlich gar nicht mehr so wahnsinnig viel zu tun haben?

Den Eindruck gewinne ich manchmal, ja. So leidenschaftlich ich diesen Job ausgeführt habe, so leidenschaftlich ich dabei war, desto gelassener bin ich jetzt. Als wenn dort in mir etwas passiert ist, wo ich sage: Das ist Vergangenheit. Da kannst du auch zurückschauen, ich glaube, das hast du gar nicht schlecht gemacht. Das ist aber vorbei. Und jetzt ist der neue Abschnitt da, ich hab' schon drüber gesprochen. Da gibt es viele andere Dinge. Und ich bin anders als früher, das stimmt.

Jetzt im Moment, um mal ganz aktuell zu sein, werden Sie also morgens wach, frühstücken, heute ist keine Jagd angesagt, wie läuft so ein Tag jetzt ab? Sind Sie immer noch am Arbeiten?

Ja, ja. Dann fahr' ich ins Büro, und dann werden die Dinge geregelt oder geordnet oder bearbeitet, die gemacht werden müssen. Dann gibt es Abstimmungen mit der Geschäftsführung, und dann hab' ich in Ruhe den Nachmittag dann meistens frei oder nehme mir irgendwas vor.

Und auch das Büro ist kein Fußballjob, also hat nichts mit Sport zu tun, sondern?

Nein, das hat nichts mit Fußball zu tun. Das hat was mit Immobilien zu tun. Wir kaufen Grundstücke, erschließen sie und verkaufen einzelne Parzellen. Das macht mir sehr viel Spaß, ist vielfältig. Und der Kopf muss dann immer noch bewegt werden. Die Gedanken sind dann zu ordnen, und das ist auch ganz gut.

Man muss ganz schön fix sein. Da jongliert man ganz schnell mit Zahlen, trifft Entscheidungen...

Da spielen große Zahlen eine Rolle, Verantwortung, und da bin ich schon akribisch, und da geht es dann auch manchmal gedanklich sehr fix. Aber trotzdem weiß ich, das ist dann erledigt, und jetzt hab ich am Nachmittag oder am Abend dann Ruhe.

In so einem Alter, vielleicht machen wir mal diese Zäsur, man ist ja nicht tot, um Gottes Willen. Wenn man so sagt, ich bin ein paar Tage jetzt dabei. Also, mir geht's persönlich manchmal so. Dann schweb' ich über mir und schau mir so zu und denk': Mensch Alter, Du von der Insel Rügen... Hättest Du gedacht, dass Du dies oder das mal machst? Gibt es so Momente, wo man denkt: Was mach' ich da heute? Was hab' ich die Tage gemacht? Oder fangen wir mal ganz vorne an: Der kleine Gerd, so die Erinnerung zurück. Wie lief denn da so ein Tag morgens ab, als Sie 5, 6, 7, vielleicht 10 Jahre waren?

Ja, Schule, hektisch aufstehen, ganz schnell, ohne Warmwasser. (lacht) Ich bin ja der Älteste von noch sieben. Nichts mit Dusche und so, wie heute. Schnell dann in die Schule, und dann, wenn alles gut ging, bin ich pünktlich um eins wieder zu Hause gewesen. Dann gab es Mittagessen zu

Hause. Mutti und Oma haben gekocht. Dann wurde der Schulranzen in die Ecke geworfen, und dann ging es auf den Fußballplatz oder ich habe Flaschen oder Kräuter gesammelt. Ich war immer irgendwo beschäftigt und hab' mir dann Geld verdient.

Sie haben's schon anklingen lassen, es waren viele Geschwister. Also leise ging es im Haushalt Kische wahrscheinlich nicht zu?

Also bedeutend hektischer als jetzt. (schmunzelt)

Hatten Sie eigentlich als kinderreiche Familie in der DDR irgendwelche Vergünstigungen vom Staat damals?

Ich kann das nicht mehr so ganz genau sagen, da müsste ich mal meine Mutti fragen. Ich glaube, es gab bedeutend mehr Kindergeld, wenn ich mich recht entsinne und auch sonst vielleicht Vergünstigungen bei Lebensmitteln. Ich weiß es aber nicht mehr ganz genau, da hab' ich mich nie so drum gekümmert, das habe ich vergessen. Ich weiß nur, dass wir Butter auf Marken bekommen haben, die habe ich ein paar Mal geholt. Aber an mehr kann ich mich derzeit gar nicht mehr erinnern.

Sie waren so viele Kinder zu Hause. Hatten Sie alle ihre Aufgaben? Ich kann mir vorstellen, sonst funktioniert das vielleicht gar nicht. Was musste der kleine Gerd so machen? Was gehörte zu seinen Pflichten?

Nun, ich habe dann schon Holz gehackt und Briketts gestapelt. Damals gab's die ja noch in Säcken. Ich habe diese anfallenden Dinge dann erledigt als Ältester.

Das müssen wir festhalten, der Älteste also. Und dann die typischen Jungenarbeiten. Ich frag' jetzt mal nach dem Vater bei so vielen Kindern. Was hat der gemacht?

Mein Vater war Kraftfahrer bei „Obst und Gemüse". Das war insofern ganz gut, Obst und Gemüse hatten wir also immer zu Hause.

Ja, das war schon ein Posten, hallo! Auch wenn manche despektierlich „Obst und Gammel" sagten in der DDR. Da fiel immer was vom Wagen.

Ach, das war schon alles gut so. (lacht)

Schauen wir noch mal bisschen in die Kindheit. Nehmen wir mal so einen Schultag. Ich glaube, Sie haben da manchmal auf dem Schulhof auch zugelangt, so als Jungs. Sie haben die Dinge dann gerne auch mal so geregelt, das konnten Sie auch ganz gut?

Ja, das ging ruck, zuck in den Pausen. Da wurden viele Dinge einfach mit der Körperkraft geregelt.

Waren die Geschwister Kische da auch schon Siegertypen?

Ich weiß nicht, wie's meinen Geschwistern ging. Die waren bestimmt alle artiger als ich. Aber, ich kann mich kaum daran erinnern, dass ich verloren hab'. (schmunzelt)

Nehmen wir die Zeugnisausgabe. Das ist ja so ein schöner Teil im Schülerleben – also eine Eins jagte die andere bei Gerd Kische, oder?

Nein, das kann ich nicht sagen. Zumindest war es in Betragen immer zwischen Drei und Vier, und ich bin ein fauler Schüler gewesen, ein richtig fauler Schüler. Ich habe das behalten, was in der Stunde da gelehrt wurde und hab' mich so zwischen Zwei und Drei bewegt – ohne Schularbeiten zu machen, das muss ich fairerweise sagen. Und wenn mal was Wichtiges war, dann habe ich das meistens noch auf dem Weg in die Schule oder noch unmittelbar davor erledigt. Erst in der achten Klasse wurde ich etwas vernünftiger und hab' dann über das eine oder andere nachgedacht, und dann waren die Zensuren auch besser. Also, ich war ein Schüler der, wenn er ordentlich gelernt hätte, wahrscheinlich besser gewesen wäre. Aber dann hätte ich nicht die Zeit gehabt zum Fußball spielen. Das war mir lieber.

Also, Fußball war damals schon ganz wichtig?

Ja!

Wann ging das los?

Mit der Einschulung bin ich auch gleich in eine Fußball-
mannschaft gekommen. F-,D-,C-, B-, A-Jugend. Also, ich
habe diese Schritte, ich kann mich nicht mehr erinnern, wie
das hieß, immer von einer Klasse zur anderen, von ganz unten bis ganz oben, mitgemacht.

*Herr Kische, warum war es Fußball, warum kein anderer
Sport? Weil nichts anderes da war oder weil für Sie überhaupt
nichts anderes in Frage kam als Fußballer?*

Naja, ich bin ja sehr oft ausgezeichnet worden, weil ich
schnell laufen und auch werfen konnte. Das war häufig so....

Damals schon als 6-, 7-, oder 8-jähriger?

Ja, damals das Laufen, das ist schon auffallend gewesen,
hat mir sehr viel Spaß gemacht, auch in der Leichtathletik.
Dann hab' ich zwischendurch Tennis gespielt, auch mit Lei-
denschaft, aber ich hatte nie Geld, um mir einen Schläger zu
kaufen und meine Eltern auch nicht. Dann hab' ich mir oft
einen ausgeborgt, dabei hab' ich einmal einen zerdeppert.
Da gab's viel Ärger, und dann hab' ich das sein lassen und
hab' mir gesagt, das ist nichts für dich. Du hast keine weißen
Klamotten und auch keine teuren Tennisschläger. Ich bin
dann zu dem Arbeitersport Fußball wieder zurückgekom-

men. Das hab' ich dann kontinuierlich bis in die Nationalmannschaft verfolgt und den Weg so beschritten.

*Gab es einen Trainer, einen Mentor, den Sie gerade in diesen
ganz frühen Jahren hatten, der gesagt hat: Mensch Gerd, aus
Dir kann wirklich mal was werden! An wen erinnern Sie sich
aus Ihrer ganz frühen Anfangszeit?*

Ja, ich hatte sehr viel Glück. Unser Sportlehrer war auch
unser Trainer, damals im Ehrenamt, so wie das war, und hat
unglaublich gearbeitet mit uns. Der Lehrer Willi Voss hat
damals schon an der Tafel mit uns Taktik gemacht. Und der
Lehrer Voss hat aufgepasst, dass wir auch diszipliniert sind.
Seine Frau war auch Lehrerin, die hatte ich in Erdkunde.
Und die hat auch immer aufgepasst. Der Lehrer Voss hat
mir dann auch immer gesagt: „Jetzt musst Du mal ein bisschen besser hinhören und zuhören!" Der hat also beides gemacht. Er hat mich an den Fußball rangeführt und hat auf
Disziplin geachtet. Er hat mich auch mal rausgeschmissen,
wenn ich sehr ungezogen war und hat auch dafür gesorgt,
dass seine Frau mir immer sagte: „So, jetzt ist aber genug,
jetzt musst Du mal ein bisschen für die Schule tun!" Also, er
war, glaube ich, ein sehr entscheidender Mensch.

*Sind Sie damals schon so weit gewesen, dass Sie darüber nach-
gedacht haben, gerade weil Sie von Erdkunde sprachen, von
Geografie, wenn Sie auf diese Landkarten geguckt haben, dass
Sie über den Fußball in Teile der Welt kommen, in die andere
Ihrer Klassenkameraden nicht kommen?*

Zu dem Zeitpunkt noch nicht. Zu dem Zeitpunkt hab' ich
den Voss manchmal sogar verflucht, weil er immer so genau

hinterher geschaut hat. Ich musste auch manchmal bei ihm zu Hause antanzen und musste was nachreichen. Da war ich noch nicht so weit, mal zu schauen, oh, man könnte doch tatsächlich aus Teterow oder Neubrandenburg mal in die weite, bunte Welt kommen. Das war zu einem späteren Zeitpunkt. Und zwar, da kann ich mich ganz genau dran erinnern, wir waren in der Bezirksauswahl zusammen. Und der Bezirksauswahltrainer hatte uns dann erzählt, wie es wäre, wenn wir in diese Juniorennationalmannschaft kommen, die diese UEFA-Turniere durchführen. Da war ich in Güstrow an der Sportschule, und die Junioren waren gerade in Frankreich. Da hörte ich das erste Mal „Frankreich", und dann haben sie gesagt, ein Jahr später ist das in Schottland. Da hab' ich mal die Landkarte genommen und geguckt und siehe da, man glaubt es kaum: Ich war dann mit in Schottland.

Das muss dann so 1968/69 gewesen sein?

1970 genau. Aber in der Sportschule ging das so 1968 los. Da kamen ja dann immer diese Auswahlspiele dazu, die Talenteüberprüfung und Sichtung und so weiter. Das waren also zwei Jahre, aber dann war es eines Tages soweit. Dann durfte man das erste Mal Anfang 1970 nach Westberlin, und dann war die Welt plötzlich völlig anders. Nach Westberlin mussten wir, um dort beim „Travelbüro" eine Einreisegenehmigung für das Qualifikationsspiel in Österreich zu erhalten, um uns für Schottland zu qualifizieren. Denn es gab in unserem Berlin keine österreichische Botschaft. In Westberlin erhielten wir das Einreisevisum für Österreich.

Vielleicht noch mal zurück zur Kindheit. Wie war das eigentlich zu Hause? Hieß es da einfach, der Junge macht Sport, der ist da gut aufgehoben, wenn er nicht zu Hause hilft, Holz hackt oder was auch immer? Gab's da schon so eine Förderung? Haben die darüber nachgedacht oder war das eben einfach so, der Junge spielt Fußball?

Da haben wir zu Hause kaum drüber gesprochen . Die waren froh, dass ich da so engagiert war und mitgemacht hab'. Und ganz besonders mein Onkel hat unglaublich drauf geachtet, dass ich da auch immer pünktlich bin und hat sich immer erkundigt bei den Trainern. Der hat dafür gesorgt, dass ich diesen Weg weiter gehe. An der Stelle war mein Onkel unheimlich wichtig dann.

Also halten wir fest - im Prinzip war der Trainer gleichzeitig Lehrer, dann war da die fordernde Frau des Lehrers, aber der Onkel auch. Warum der Onkel? Ich glaube, Sie sind auch zusammen zum Fußball gefahren?

Ja, wir sind immer zum Fußball gefahren, weil mein Vater kein so großes Interesse hatte, aber mit den vielen Kindern am Wochenende ja zu Hause auch genug zu tun hatte. Mein Onkel, der hatte schon eine große erwachsene Tochter, die aus dem Haus war und der hat dann so ein bisschen auf mich geachtet. Mit dem bin ich auch oft nach Rostock ins Stadion gefahren.

Und das war ja nicht so, wie man es heute kennt, man steigt in die Bahn, das war schon ein bisschen anders damals....

Ja, das war so ein LKW, wo man hinten auf der Pritsche gesessen hat. (lacht) Aber das spielte gar keine Rolle, wir waren ja nicht verwöhnt damals.

Der kleine Gerd im großen Stadion. Was war das für ein Gefühl?

Das war natürlich eine Riesen-Atmosphäre. Der kleine Gerd hat dann auf dem Stoppelacker in Teterow gespielt, und da waren dann mal ein paar Leute oder auch nicht. Und da warst du froh, wenn du erfolgreich warst. Aber das war ja dann doch nicht so was Besonderes. Ich hab' mich gefreut, wenn ich immer eine Klasse höher spielen durfte, das war so der Anreiz. Und dann kommst du nach Rostock in dieses Ostseestadion, wo so viele Menschen sind, wo Rasen ist und wo wunderbarer Fußball gespielt wird, wo solche großen Fußballer wie Herbert Pankau auf dem Platz standen und Jürgen Heinsch und wie sie alle heißen... Das war eine dufte Truppe in den 60ern. Und das ist natürlich schon was Besonderes, und wenn du das siehst, dann träumst du mal davon. Dass das dann wahr geworden ist...?!

Sie haben relativ früh eigentlich schon für sich festgestellt, dass so ein Herbert Pankau ein Vorbild für Sie ist und haben da sogar auch mal eine Wandzeitung über ihn angefertigt?

Richtig.

Wie lief das damals ab? Für welches Fach mussten Sie das erstellen?

Nein, das war in unserer Sportgaststätte. Irgendwann hat mal einer gesagt: „Mensch, Du entwickelst Dich ja ganz gut,

wie kommt das, und hast Du denn Vorbilder und so ?" Und
da habe ich gesagt: „Naja, nachdem ich das erste Mal den
Pankau gesehen habe, den Herbert..." Und dann hab' ich
mal ein paar Sätze dazu geschrieben und das an die Wand-
tafel im Sportforum geheftet. Das war für mich wirklich so,
dass ich den großartig fand, den Pankau.

In welchem Alter ungefähr stand für Sie fest, aus mir wird mal
ein Fußballer?

Ach, ich hab' da nicht sehr weit vorausgeschaut. Ich wollte
immer Etappe für Etappe gehen und hab' mich angestrengt
und war überrascht, dass das dann geklappt hat. In Teterow
hieß es auf einmal, Du kannst nach Neubrandenburg. Dann

kamen die Neubrandenburger und haben dann mit meinem Onkel und meinem Vater verhandelt. Und mein Onkel war derjenige, der da noch ein paar Mark rausgeschlagen hat. Das war schon interessant. Dann war ich plötzlich aus Teterow dort bei einer Betriebssportgemeinschaft, Post Neubrandenburg, das bedeutete ja schon was.

Was hat der Onkel da finanziell rausgeschlagen?

Ja, er hat gesagt: „Also, passt mal auf, der hat ja jetzt nur Lehrgeld, und das ist ja nicht so sehr viel." Und dann hab' ich am Anfang immer noch 200 DDR-Mark dazubekommen. Und das war damals schon sehr, sehr viel Geld.

Waren Sie plötzlich der King, wenn Sie dann nach Hause kamen?

Das war erst später so. Wir können da gerne drauf zurückkommen. Das ist ein sehr zweischneidiges Schwert gewesen, besonders für meine Eltern. Wenn ich diesen Faden einmal weiterspinnen darf, das war das erste Mal, wo ich dachte: Mensch, jetzt aber. Und da hab' ich ja noch nicht gewusst, dass ich dann mit 17 schon Stammspieler in der ersten Mannschaft werde und dort plötzlich am Wochenende eine Punkteprämie bekomme, und zwar 500 Mark für einen Sieg. Das muss man sich mal vorstellen. Da kamen sehr viele Dinge zusammen. Und jetzt komme ich zu den Eltern. Ich konnte meinen Eltern gar nicht sagen, dass ich so viel verdient habe. Die sind damit gar nicht fertig geworden. Erst später, vielleicht zwei Jahre später, habe ich dann erfahren, dass es an allen Ecken und Enden haperte zu Hause. Wie sollte ich jetzt meinem Vater sagen: „Komm' hier hast

Du Geld, bereinige mal alles." Das war sehr, sehr schwierig. Der Junge kommt und sagt zum Alten: „Komm, hier hast Du die Mäuse!" Da begann eigentlich schon die Zeit, wo man gerne hätte reden wollen und stolz war, aber nichts sagen konnte.

Was haben Sie stattdessen gemacht?

Ich habe oft geschwiegen und habe das Geld meiner Mutter zugesteckt. Und mir haben Freunde erzählt, dass da noch was im Argen lag – sprich Schulden. Und dann wurde das beglichen. Da hab' ich einen Kühlschrank und eine Waschmaschine gekauft, aber das hat meinem Vater nicht gefallen. Das verstehe ich heute. Früher habe ich das gar nicht verstanden. Also, das war nicht so ganz einfach. Und dieses Nichtssagen, dieses Schweigen, auch zu dem, worüber man sich gefreut hat. Das setzte sich ja fort. Du durftest nicht viel erzählen, wenn du dann im sogenannten Westen warst. Du durftest nicht erzählen, was du verdient hast. Du musstest also alles für dich behalten.

War das jetzt nur aus einer Räson innerhalb der Familie oder auch, weil das die Staatsführung sagte oder sowohl, als auch?

Das erste war Familienräson, das zweite war aber vom Staat aufoktroyiertes Schweigen.

Wir bleiben noch mal in Neubrandenburg. Sie sind dann also in der vergleichsweise großen Stadt dort in der Betriebssportgemeinschaft gelandet. Dafür gab's Geld. Und dann kommen Sie zurück, und die Freunde, die haben ja dann irgendwo auch mitbekommen, Mensch, der Gerd! Das war ja wirklich viel

Geld. Haben Sie das gespürt, so im Freundeskreis, aha, er ist ja jetzt dort und macht das und das... bei aller Anerkennung?

Also, das gab es. Ich hab' ja dann da immer noch Kontakt zu meinen ehemaligen Mitschülern gehabt, aber komischerweise haben die nie nach Geld gefragt. Die haben mich immer gefragt: „Sag mal, wie blöd bist Du eigentlich?! Warum kommst Du eigentlich zurück? Warum bleibst Du nicht im Westen?" Das war dann später, als ich die ersten Male im Ausland war. „Geld" habe ich selten gehört.

Aber damals, als Sie dann da spielten und anfingen quasi, gab es da auch schon Reaktionen? Oder waren Sie einfach der Junge, der so zum Tanzabend ging am Wochenende, wenn Sie nicht gerade spielen mussten? Oder haben die das wahrgenommen, dass Neubrandenburg schon was anderes war?

Doch, doch. Du hattest natürlich auch Neider. Aber ansonsten ging das schon alles reibungslos, und alle haben sich gefreut, und du hast Vergünstigungen gehabt. Da waren ja dann auch schon ein paar mehr Zuschauer bei „Post". Wir hatten damals eine sehr gute Mannschaft.

Was heißt Vergünstigungen?

Naja, du hast ein Auto bekommen, wo andere keins bekommen haben. Das setzte sich dann immer fort.

Also, wir reden noch nicht über Hansa und noch gar nicht über den internationalen Gerd Kische, sondern wir reden immer noch über Neubrandenburg. Wie war's denn mit den Mädchen? War's einfacher?

Ganz sicher. Da waren ja viele auf'm Platz, die haben zugeguckt, doch, doch. Aber ich musste mich ja um den Sport kümmern und hatte nicht so viel Zeit für die Mädchen. (schmunzelt)

Aber der gesunde, junge Sportler, das könnte ich mir vorstellen, wir wollen ja ehrlich sein, der guckte doch bestimmt...

Ja, ja, das war auch sehr schön.

Wir wollen da auch nicht tiefer dringen, und wir registrieren, dass ein Schmunzeln über Gerd Kisches Gesicht geht. (Kische lacht) Vielleicht noch mal zu den Lebensstationen: Sie sind also hingegangen, Sie haben Fußball gespielt, eine Ausbildung gibt es ja auch noch, dass wir das noch mal erklären. Was ist da passiert?

Also, ich habe so eine Art Betriebsschlosser-Lehre - wie hieß das - Mechaniker, also Berufsausbildung mit Abitur, gemacht. Dann war ich eine Woche da, und dann habe ich mir beim Schweißen bei der praktischen Arbeit die Augen verblitzt. Und seitdem durfte ich nicht mehr wieder hin. Ich musste Fußball spielen. (lacht) Ich hab' dann meinen theoretischen Kram erledigt, aber zu Ende gebracht hab' ich das alles dann erst in Rostock. Ich bin ja dann 1970 nach Rostock gekommen, und dort habe meine Ausbildung gemacht. Da habe ich wirklich ein Vierteljahr lang dann alles kontinuierlich nachgeholt und auch geschafft. Ich hätte das Ingenieurstudium überhaupt nicht beginnen können, wenn die Voraussetzungen nicht da gewesen wären. Deswegen war das wichtig. Und in dieser Phase musste ich mich tatsächlich mal auf den Hosenboden setzen und hab' das dann auch gemacht.

Haben Sie noch Freunde aus dieser Zeit, aus der Schulzeit?

Nein.

Wie wurden Sie damals genannt? Gab's eigentlich einen Spitznamen für Sie?

Nö. In der Zeit kann ich mich nicht daran erinnern. Ich weiß nur, dass mich später viele „Bulle" genannt haben, das ist heute noch so. Das ist aber, da können wir gerne drüber reden, ein absolutes Missverständnis. Das hat Sparwasser mir eingebrockt, der Ochse. Wollen wir darüber reden jetzt?

Ja, na klar!

Also, ich bekam Post. Wir waren im Kienbaum-Trainingslager vor irgendeinem Länderspiel. Und ich nehm' die Post und geh' so und les' den Brief von meiner Freundin, wir waren damals noch nicht verheiratet. Und sie hat „Bulki" geschrieben, so hat sie mich immer genannt. Und ich hab' nicht gesehen, dass Sparwasser in meinem Rücken den Brief mit liest. (lacht) Und er hat statt „Bulki" „Bulle" gelesen. Und er hat die ganze Nationalmannschaft verrückt gemacht: „Seine Frau schreibt ‚Bulle', was muss denn da zu Hause los sein?!" Und seitdem ist das so. Ich kann's auch nicht mehr ändern. Und Sparwasser schwört heute noch, dass da „Bulle" stand. Ich weiß genau, dass es falsch ist, weil ich ja weiß, wie meine spätere Frau mich genannt hat, nämlich „Bulki". Und so ist das dann hier rüber gekommen. Dieter Schneider und Achim Streich waren ja auch noch mit in der Nationalmannschaft, und so schnell konnte ich gar nicht gucken, wie das dann auch hier im Klub in Rostock rum war.

Sie waren also der Bulle von der Ostsee, der Stier aus dem Norden?

Von mir aus. (lacht)

Noch mal ganz kurz, die Kindheit hatten wir ja so weit. War es eine schöne Kindheit? Mit Kinderaugen sieht man es ja sowieso anders, aber wenn Sie heute zurückblicken?

Doch, ich hatte eine sehr schöne Kindheit. Also, wenn ich mal die Verhältnisse berücksichtige, es hat an nichts gefehlt, wenn man so will.

Gerade Oma und Opa haben ja eine unglaublich wichtige Funktion in der Familie. Sie haben es schon anklingen lassen. Wie wichtig war die Oma damals für Sie?

Na, Oma war Familienoberhaupt, wie das in der früheren Zeit so war. Oma war alleine, Opa ist aus dem Krieg nicht zurückgekommen, und Oma managte dann alles. So lange Oma fit war, hatte Mutti weniger zu sagen. Oma bestimmte den Tag. Und da ich bei Oma Liebling war, gingen viele Dinge von allein. (schmunzelt)

Das heißt, Oma hat auch mal beschwichtigt, wenn der kleine Gerd beim Fußball irgendwas angestellt hat? Ich weiß, dass es mal ein eingeschossenes Kirchenfenster gab?

Oh, nicht nur eins. Das stimmt. Oder wenn ich wieder mal nicht pünktlich um sechs zu Hause war. Wir mussten im Winter immer um fünf zu Hause sein und im Sommer um 18 Uhr. Ach, wie oft ich 18 Uhr verwechselt hab', ach herrje! Und wie oft dann die Kelle sauste. (lacht) Aber das hat einen nur härter gemacht.

Also richtig die Kelle auf'm Hosenboden?

Einmal, da kann ich mich noch gut dran erinnern. Meine Mutter war so böse und wütend, da war die Uhr wahrscheinlich schon wieder dreiviertel sieben, und ich hatte einen Gipsarm. Ich hatte mir irgendwie den Arm gebrochen, das ist ja nichts Besonderes bei Kindern. Und sie war unruhig, mehr aus Sorge. Und dann war sie so wütend, hat die Kelle genommen und zugehauen. Und ich habe den Gipsarm hingehalten, da war die Kelle kaputt. (lacht) Aber so was ist ja früher gang und gäbe gewesen.

Der junge Gerd, vielleicht noch nicht in Neubrandenburg, dass wir uns nur mal eine Vorstellung machen, was haben Sie gern gehört an Musik beispielsweise? Was war wichtig? Haben Sie irgendwas vielleicht gelesen? Oder war es schon mehr der Fußball? So ein Nachmittag, so Tagträume, war Gerd Kische als junger Mensch ein Tagträumer oder waren Sie auch da schon etwas zielstrebiger?

Ich war immer aktiv. Zielstrebig zu sein, habe ich mir vorgenommen. Sagen wir mal, die Kasse war leer. Dann habe ich gedacht, was bringt schnell was ein? Entweder habe ich dann Altstoffe gesammelt oder ich hab' mir den Wagen von meinem Onkel genommen und Beifuß und Steinklee gesammelt und bin dann zu dieser Annahmestelle gefahren. Ich hab' dann am Tag manchmal so 20 Mark gehabt, wenn man fleißig war. Also zielstrebig irgendwo...

Die Kasse der Familie war leer?

Nee, nee, meine.

Wo ist denn das Geld hingegangen, wenn die Kasse leer war?

Naja, dann hab' ich mir mal 'ne Ananas gekauft oder 'n paar neue Turnschuhe.

Das war noch in Teterow?

Ja, das war alles noch in Teterow.

Ananas, hallo! Nu sag' mal einer, in der DDR gab's nichts!

Also, ich konnte mich nicht beschweren. (lacht)

Also, was man so kauft, wenn man ein bisschen Geld hat. Und dann sind Sie losmarschiert, das haben Sie dann selbst organisiert? Ist das 'ne Sache, die Sie von zu Hause mitbekommen haben, dass man sich selbst kümmern, dass man was machen muss?

Also, ich muss jetzt wieder besonders meinen Onkel ansprechen. Der war so unglaublich genau und exakt im Garten. Von ihm hab' ich gelernt, wie man richtig umgräbt. Und auch wie der morgens immer ordentlich zur Arbeit gegangen ist, alles pünktlich und korrekt. Er war Gießer, da war auch alles exakt. Und er hat jeden Pfennig gespart. Er hat mir auch immer sehr viel gegeben. Und das spürst du. Wenn du also fleißig bist, kannst du auch was erreichen. Ob ich das damals so bewusst wie heute wahrgenommen habe, das wage ich mal zu bezweifeln. Aber, allein die Tatsache, dass das andere vorleben, dann bekommst du's ja mit, und sagst, Mensch das ist gar nicht schlecht! Und so hab' ich's dann praktiziert.

Hat er Sie so ein bisschen an Kindes statt angenommen? Wenn ich das so höre, die vielen Kinder, Vati und Mutti, der Vater unterwegs. War das ein bisschen so?

Ja, ja. Er hat sich aus mehreren Gründen sehr intensiv um mich gekümmert. Da kommt aber auch hinzu, dass er fußballverrückt war. Und er wollte unbedingt, da er keinen Jungen hatte, dass ich vernünftig Fußball spiele.

Also wenn er Eisenbahnen geliebt hätte, hätten Sie mindestens 'ne Modelleisenbahn gehabt? Und so hat er eben gesagt: Ich muss mit dem Jungen zum Fußball fahren. Geht gar nicht anders.

Ich bin aber froh, dass er keine Eisenbahn hatte. (lacht)

Sie haben gesagt, Sie sind in einer glücklichen Welt in Teterow aufgewachsen, aber es war ja, wenn man sich die Karriere besieht, die Sie nachher beschritten haben, dann schon die große Welt. Gab es damals für Sie in Teterow bereits den Wunsch, aus dieser kleinen Welt Teterow rauszukommen mit Hilfe des Fußballs in die große Welt?

Der Wunsch bestand. Ich sagte vorhin schon einmal, dieser Werdegang, von Jahr zu Jahr in eine höherklassige Mannschaft zu kommen, nicht nur aus Altersgründen, sondern auch, weil man das leistungsmäßig so geschafft hat, das war natürlich Ansporn. Irgendwann mal aus Teterow rauszukommen, klar, irgendwann mal. Dann hast du das Ostseestadion gesehen. Da war der Wunsch, irgendwo in diese Welt einzubrechen, auch sicherlich wieder unbewusst schon da.

Gab's damals in Teterow gegenüber Gleichaltrigen auch schon mal den Wunsch: Euch zeig' ich's allen mal? Oder gab's da gar kein Ansinnen, dass Sie sich mit denen vergleichen mussten, dass die Sie vielleicht geneckt haben: Mensch, Kische geht jetzt in die eine oder andere Richtung, wir werden immer in Teterow bleiben? Gab es da vielleicht auch Neid? Und Sie denen gesagt haben: Mit meiner Karriere als Fußballer zeig' ich's Euch mal?

Naja, viele haben behauptet, ich sei krankhaft ehrgeizig. Damit wird das vielleicht umschrieben.

Damals schon?

Damals schon, ja, ja. Ich konnte nie verlieren oder nur ganz schlecht. Wenn man dann so Mannschaften zusammengestellt hat, wenn da einer nicht mitgemacht hat, deswegen bin ich zum Beispiel auch mal rausgeflogen, da durfte ich zwei Wochen nicht spielen, da hab' ich einen so zusammengedonnert, weil der einfach geschlampert hat und wir dadurch verloren haben. Das war nicht schön. Da hab' ich den so richtig Maß genommen, ich will das jetzt mal so im Raum stehen lassen. Und da hat der Trainer mich dann zur Seite genommen und gesagt: „Du kannst Dich erst mal 14 Tage zu Hause abreagieren!" Also, dieser Wunsch zu siegen, zu gewinnen, der war schon immer da.

So ein Ehrgeiz, kann das manchmal nicht auch anstrengend sein? Dass man vielleicht später im Leben auch ein bisschen über sich selbst stolpert, in dem Fall?

Da haben Sie völlig Recht. Das ist so. Ich sprach ganz am Anfang von dieser Gelassenheit jetzt. Hätte ich die etwas früher schon gehabt, dann hätte ich das eine oder andere in meinem Leben besser gemacht. Ganz am Anfang, als da der Ehrgeiz noch war, vielleicht nicht. Aber zwischendrin, also sagen wir mal mit vielleicht gut 30, 35 hätte man schon mal über seinen Schatten springen müssen. Das ist eine Kritik, die ich bei mir ansetze. Das, was ich jetzt habe, ist 20 Jahre zu spät.

Ja, aber ich denke, das eine schließt das andere nicht aus. Wie sage ich immer: Dass wir lieben können, impliziert auch, dass wir hassen müssen. Und vielleicht ist dieser Ehrgeiz wichtig gewesen, bestimmte Dinge zu tun, zu sagen: „Ja, das will ich! Ja, hier kämpf' ich!" Ich glaube, das ist auch typisch.

Ja, das glaube ich. Und wenn man nicht so wäre, dann würde man ja auch nicht aufstehen, wenn man mal gestolpert ist.

Über den Sturz können wir noch reden oder die Stürze, die es auch gab. Wir müssen jetzt Hansa einfach mal so ein bisschen näher ins Auge fassen. Fußball, die Mädchen. Das haben wir schon gestreift. Gab's schon 'ne feste Freundin damals in Neubrandenburg?

Nee, nee, eine feste gab es nicht. Die zwei, drei, die man da kennengelernt hat, das war nichts Festes.

Und die waren auch fußballverliebt?

Die sind sicher auch mal zum Fußball mitgekommen. (lacht) Aber ansonsten weiß ich nicht, in was und in wen sie verliebt waren.

Ich frage ganz bewusst, weil das natürlich auch ein Problem sein kann mit dem Training und den Punktspielen. Das sollte man nicht geringschätzen. Da sagt das eine oder andere Mädel dann vielleicht: „Du, pass' mal auf, ich bin auch noch da. Also, Zeit für uns muss auch sein." War das manchmal ein Problem?

Nein, damals war das kein Problem, und für mich war das nie ein Problem.

Aber wir reden ja auch von den Damen.

Für mich war's nie ein Problem, und wenn's für die Mädels ein Problem war, dann konnte man das ja manchmal sehr schnell beseitigen. Entweder hat man sich 'ne andere gesucht oder hat ihnen ordentliche Geschenke gemacht, dann ging das auch.

Ah ja? Was hat man da geschenkt?

Das kommt immer drauf an. (lacht)

Na, stellen wir uns mal vor, wir nennen jetzt keine Namen. Sie sagt: „Gerd, eigentlich waren wir verabredet, dann hast Du Training, dann hast Du noch das Punktspiel. Was bleibt eigentlich von diesem Wochenende?" Was haben Sie da gemacht? Anders wird's ja nicht gewesen sein?

Zu welchem Zeitpunkt denn, in Neubrandenburg?

In Neubrandenburg.

Da waren wir schnell mal essen oder haben irgendwas gekauft, was man in den -wie hießen denn diese Läden- in den Exquisit-Läden[1] bekommen hat. Irgendwie 'ne schöne Bluse, und dann war das Thema auch wieder beseitigt.

Wie irdisch ist doch die Welt!

Das ging mir nicht anders als Ihnen. (lacht)

Nur, dass ich keine Punktspiele hatte, aber egal. Mich würde noch mal interessieren, wie war das, wenn Sie Mannschaften zusammengestellt haben? Vielleicht frage ich das auch, weil ich beim Zusammenstellen der Mannschaften immer einer der Letzten war. (Kische lacht) Also Leute, die im Sport nicht diesen Biss hatten, haben Sie da ein bisschen Verständnis gehabt oder ging Ihnen das völlig ab?

Heute ja, aber damals hatte ich überhaupt kein Verständnis dafür. Dass die sich da hinstellen und mitmachen wollen, aber eigentlich gar nicht dabei sind, anwesend sind, das konnte ich gar nicht verstehen. Das sehe ich aus heutiger Sicht völlig anders, aber damals war das so. Da bin ich richtig wütend geworden.

Von der Zweisamkeit haben wir eben schon gesprochen, der zwischenmenschlichen Liebe, wenn wir das mal so definieren wollen. Ab wann, wenn Sie einen Zeitpunkt wissen, sind Sie in den FC Hansa verliebt gewesen? Seit wann war der Ihre große Liebe?

Als ich das erste Mal mit meinem Onkel im Stadion war.

Wann war das, wissen Sie das noch?

Vielleicht 1965, kann auch '64 gewesen sein, ich weiß es nicht mehr ganz genau.

War das ein Top-Spiel, waren da viele Leute im Ostsee-Stadion?

Das weiß ich nicht. Ich weiß nur, dass es rammelvoll war, das Stadion, und eine Atmosphäre, da hattest du Gänsehaut. Es war etwas ganz Besonderes. Und da hab' ich gespürt: Mensch, das wär' doch was! Das ist das „non plus ultra". Dann hab' ich mir von Herbert Pankau außerdem noch 'n Autogramm geben lassen.

Wie lief das damals ab? Na gut, heute musst du dich an den Trainingsplatz stellen oder kriegst es zugeschickt. Haben Sie da auf Herbert Pankau gewartet?

Ja, da konnte man noch runtergehen, das war alles ein bisschen anders. Na, heute brauch' ich ja kein Autogramm mehr. Von wem soll ich mir denn eins holen, von welchem Spieler? Machen Sie mir mal einen Vorschlag!

Also, BSG² Einheit Teterow, Post Neubrandenburg und dann Rostock. Wie sind Sie eigentlich zum FC Hansa gekommen? Gab's da einen Zufall? Wurden Sie entdeckt?

Ich habe ja 1970 in der Juniorennationalmannschaft gespielt, als einziger aus der BSG. Damals war ich ja bei der BSG Post Neubrandenburg. Wir sind dort auch inoffiziell Junioren-Europameister[3] geworden. Und zwischendurch hat sich der Doktor Saß, der damalige Trainer des FC Hansa, mit Neubrandenburg verständigt. Sie wollten unbedingt, dass ich, wenn ich zurückkomme, nach Rostock delegiert werde.

Also, waren Sie für Neubrandenburg einfach schon zu gut?

Das war ich nicht, aber jedenfalls wollte Hansa Rostock unbedingt, dass ich dahin komme.

Als Sie das zum ersten Mal gehört haben, hatten Sie da eine stolz geschwellte Brust?

Ja, da brauchte ich bald 'n BH! (lacht) Es gab aber noch einen glücklichen oder weniger glücklichen anderen Umstand. Manfred Ewald hat es damals geschafft, den Fußballbeschluss herbeizuführen. Das heißt, dass damals alle Vereine, wie auch der FC Hansa, nicht mehr über große Vereine das Geld beziehen. Sie haben also dort einen Riegel vorgeschoben. Du kriegtest dann plötzlich nicht mehr so viel Geld. Das ist dem obersten DDR-Sportchef alles zu viel gewesen. Der Fußball war dort sowieso ein Dorn im Auge. Und die BSG Post Neubrandenburg ist dann zusammengefallen, weil die Post kein Geld mehr rein schießen durfte.

Also als Trägerbetrieb...

Ja, und insofern haben dort auch sehr viele gesagt: „Dann rutsch' uns mal 'n Buckel runter!" Ich war noch sehr jung, und mir war das damals relativ egal. Durch diesen Beschluss waren viele Spieler in der Zwickmühle. Man muss sich vorstellen, ein Mann wie Herbert Pankau, auch als Kapitän dieser Mannschaft, der hat im Monat damals möglicherweise,

was weiß ich, drei-, viertausend DDR-Mark verdient. Das ist also unvorstellbar viel Geld! Die haben also drei-, vierhundert Mark Punktprämie bekommen und Gehalt auch. Und die haben von einem auf den anderen Tag alles gestrichen bekommen. Die hatten natürlich auch keinen Bock mehr, da zu spielen. Deswegen war es damals auch sehr, sehr kompliziert, die Mannschaft zusammenzuhalten. Und deswegen brauchte auch der Klub hier in Rostock neue Leute, die noch nicht versaut waren, geldmäßig. So passte das zusammen. Und so bin ich dann am 1.7.1970 hier in Rostock, in dieser wunderschönen Stadt, eingelaufen. Ich wusste gar nicht, wo der Bahnhof war. (schmunzelt) Man hat mich dann am Stadion abgesetzt, und dann sieh' mal zu!

Wer hat Sie am Stadion abgesetzt?

Ein Fahrer. Ich wurde von Neubrandenburg hierhergefahren. Dann haben mir hier Leute, ich weiß gar nicht mehr, wer das damals war, das Sportforum gezeigt, das Hochhaus, wo wir in der vierten Etage - die Fußballer, die Eishockeyspieler und Handballer - da gehaust haben.

Und dann gingen Sie an diesem ersten Tag in Ihr Zimmer rein?

Dann ging ich in mein Zimmer rein, und da waren noch zwei. Wir waren zu dritt in einem Zimmer.

Auch Frischlinge, so wie Sie?

Nein, die waren schon zwei Jahre da. Bei einem, ich möchte jetzt den Namen nicht nennen, da musste ich erst mal die Sektflaschen beiseite heben. Da wusste ich erst mal, wo ich gelandet bin. Das ganz nebenbei. Aber es war für mich dann schon 'ne völlig andere Welt und auch oft nicht nachvollziehbar, was da abgelaufen ist.

Zum Beispiel?

Naja, wenn du nicht zur Arbeit gehst, weil du dich krankschreiben lässt oder weil du dann keinen Bock hast, also, darüber möchte ich am liebsten gar nicht reden.

Die Hansa-Spieler haben also nebenbei eine Arbeit gehabt, zumindest offiziell?

Ja, offiziell. Sie sind nicht hingegangen, und kein Hahn hat danach gekräht.

Weil sie ja Fußballer waren, beim berühmten FC Hansa.

Genau. Weil sie geglaubt haben, wenn sie 'ne Tasche vom FC Hansa tragen, sind sie was Besonderes.

Bei wem waren Sie damals angestellt?

Bei der „Seeverkehr und Hafenwirtschaft".

Einer der großen Trägerbetriebe im Norden. Doch zurück zu den ersten Stunden bei Hansa: Dann sind Sie also in das Zimmer reingegangen und haben die Sektflaschen weggeräumt. Kannten Sie die Spieler, die dort waren, schon vom Spielbetrieb oder vom Namen her?

Die haben auch streckenweise in den Jahren mal ab und zu mitgespielt, aber an sich, die da gewohnt haben, bis auf Achim Streich, ist da keiner von denen groß rausgekommen. Und ich war ja auch nicht sehr lange da. In dem Internat war ich vielleicht anderthalb Jahre und hab' dann da 'ne Wohnung bezogen.

Die ersten Trainingseinheiten, das ist ja ein Messen und ein Gucken. Da wird ja genau hingeschaut: Lohnt sich jetzt dieser Import aus Neubrandenburg? Ist da eine Erinnerung da, dass man sich gesagt hat: „Jetzt will ich alles richtig machen, jetzt will ich zeigen, was ich kann?"

Ich bekam dann einen Platz zugewiesen und durfte in die

Kabine der ersten Mannschaft. Das war schon was Außergewöhnliches. Da saßen die alten Haudegen, von denen ich mir noch vor Jahren Autogramme hab' geben lassen: Hergesell, Sackritz, Pankau, Heinsch und wie sie alle hießen. Ich hab' die sogar gesiezt. Aber, ob ich da was gesagt hab' oder nicht, hat die sowieso nicht interessiert. Im Prinzip haben sie gedacht: Was will der denn hier? Der Bauernlümmel. Der macht mir hier meinen Platz doch nicht streitig?! Und nun war ich doch auf mehreren Positionen einsetzbar, und der Saß, der Trainer, hat dann gesagt: „Der bleibt hier in der Kabine!" Die haben mich gar nicht für voll genommen, ist ja auch verständlich, ist alles gut.

Und wie verliefen denn nun die Kämpfe untereinander?

Dann waren so die ersten Einheiten. Und der eine hat dann zu mir gesagt: „Du, kannst Du nicht mal ein bisschen langsamer?"

Also, die älteren Spieler, die Stammspieler, haben gesagt: „Sag mal, was macht der Spund hier?"

Die haben gesagt: „Sag' mal spinnst Du hier? Da kannst Du heute abend alleine rennen!" Die ersten Trainingseinheiten liefen dann so ab. Und der Dr. Saß hat ja unglaublich viel auf Athletik Wert gelegt. Und damit hatte ich ja nun gar keine Probleme. Von mir aus hätte das Spiel auch 120 Minuten gehen können, ich war konditionell und läuferisch gut drauf. Das linke Bein habe ich zum Beispiel nur zum Stehen gehabt. Also technisch waren da sehr viele Mängel da. Und das haben die anderen natürlich auch alle gesehen und haben gedacht: Wie konnte der in der Juniorennationalmannschaft spielen?! So war das, weil die Mannschaft unglaublich guten technischen Fußball gespielt hat. Das waren alles überragende Techniker. Da waren zwei, drei, die richtig gekämpft haben, so wie ich, und die anderen waren alle brillante Fußballer.

Zum Beispiel?

Na ja, Pankau oder auch Seehaus, Hergesell. Das sind alles brillante Leute, die am Ball alles konnten. Die hatten auch 'ne wunderbare Ausbildung, die typische Hansa-Ausbildung. Und da ging das dann los, dann gab's auch schon mal 'n Schlag ins Kreuz, wenn ich zu schnell war. Aber das hat mich nicht weiter gestört, ich hab' immer meinen Striemel durchgezogen. Es eskalierte dann eines Tages. Ich weiß noch wie heute, da spielten wir. Das nannte sich Anbieten und Freilaufen, aber ohne Tor. Und dann wusstest du immer, der Ball musste in den Reihen der eigenen Mannschaft bleiben. Und dann auf einmal hatten wir einen Spieler, der hatte es sowieso auf mich abgesehen. Aber ich wusste das, das war seine Position.

Wer war das?

Gerd Sackritz. Dann hat er mir die Beine von hinten, aber richtig vorsätzlich, weggehackt. Ich bin wirklich richtig umgefallen, derb gestürzt. Und alle haben gelacht, einige haben sich umgedreht, andere gelacht. Von der Sekunde an wusste ich, was los war. Dann bin ich aufgestanden, der Trainer hat sich auch umgedreht und hat weitergemacht, als wenn nichts geschehen wäre. Und dann dauerte das keine zehn Minuten, da passierte das gleiche wieder. Und dann bin ich aufgestanden, hab' ausgeholt und Sackritz k.o. gehauen. Dann lag er auf dem Boden und jammerte rum, und dann hab' ich den Fuß auf seine Brust raufgestellt und hab' gesagt: „Wenn Du das noch ein Mal machst mit mir, noch ein Mal, dann gnade Dir Gott!" Von der Sekunde an hatte ich absolute Ruhe. Niemals wieder hat mir einer irgendwo was getan. Was war geschehen? Die wollten nur sehen: Hat der Angst? Zieht der durch? Und sie wussten alle, dass ich unglaublich viel Kraft hatte. Das hat man gesehen, wenn wir Hanteln gestemmt haben. Das wussten sie schon. Ich hatte Ruhe in der Mannschaft, von da an war alles gut.

Heute würde man sagen, er hat „Eier gezeigt".

Ja, könnte man auch sagen.

Es hätte natürlich aber auch sein können, dass Sie aufgrund dieser Aktion Ärger mit dem Trainer bekommen? Dass er sagt, Handgreiflichkeiten möchte ich hier nicht sehen?

Ich hab' sogar damit gerechnet. Es war aber in dem Moment so, ich sah keinen anderen Weg. Selber nachzuschlagen, war Blödsein. Du musstest also richtig ein Exempel statuieren. Er hat nichts gesagt. So, wie er sich das erste Mal umgedreht und nichts gesagt hat, als der Spieler das gemacht hat, so hat er sich dann auch umgedreht und hat viele Jahre später, als wir dann auch schon per Du waren und uns sehr, sehr gut verstanden haben bis zu seinem Tod, mir dann gesagt: „Ich hab' nur drauf gewartet."

Schön, dass Sie das jetzt noch mal erwähnen. Also, Sie haben die Sache dann irgendwann noch mal durchgesprochen, aber haben dann gesagt, nach einer gewissen Zeit, es reicht jetzt auch. Es ist damals passiert, Anfang der 70er Jahre, und dabei lassen wir's bewenden. Wir können uns weiterhin in die Augen schauen.

Ja. Aber wir beide, der Gerd Sackritz und ich, wir wurden nie Freunde. Beim ersten Punktspiel in der Serie, als ich gekommen bin, 1970, hab' ich dann auf seiner Position gespielt.

Das heißt, das, was Sie eben schilderten, war in der Saisonvorbereitung?

Ja.

Und er hat damals schon die Befürchtung gehabt, dieser junge Bursche aus Neubrandenburg nimmt mir meine Position weg?

Es ist ja so gekommen. Ich würde es mal so stehen lassen. Ich glaube ja. Der hat das wohl rechtzeitig erkannt. Ich hab' ja dann auch 'ne Zeit im Mittelfeld gespielt. Aber die waren am Ende, die waren um die 30 und wussten ganz genau, das geht nicht mehr lange gut. Dass man sich dann so verhält, finde ich zwar nicht in Ordnung, aber okay.

Wir dürfen nicht vergessen, Gerd Sackritz war in jenen Tagen ein großer Hansa-Name. Er hatte immerhin 1969 das entscheidende Tor gemacht zum 2:1 gegen Inter Mailand im Messecup.

Ja, Hergesell aber auch. Aber das sind zwei unterschiedliche Typen. Also, der Gerd Sackritz hat einen exzellenten Schuss gehabt. Er konnte wunderbar schießen, war ein drahtiger

Verteidiger, ein richtig guter. Er sagt zwar immer, er war mit seinen 1,58 etwas klein. Aber Philipp Lahm macht uns das ja auch vor. Also, das muss man fairerweise sagen, dass der damals, wenn das so war, schon erkannt hat, dass er am Ende ist und dass ich möglicherweise besser bin, das zeichnet mich ja heute noch aus. (schmunzelt) Das hat er vielleicht rechtzeitig erkannt.

In der Situation, wenn man frisch dazu kommt, wenn diese Hahnenkämpfe oder diese Positionskämpfe, beim Fußball passt es ja nun wirklich, erfolgen, hat man dann schon mal nachgedacht, irgendwann könnte es mich auch mal treffen, dass meine Zeit um ist? Aber ich glaube, das sieht man dann nicht so. Man ist im Vollbesitz der Kräfte, es knallt...

Nein. Du bist so von dir überzeugt und möglicherweise auch so überheblich, dass du sagst: „Ich, und nach mir gar nichts!"

Das heißt, aus der heutigen Sicht kann der etwas ruhiger gewordene Gerd sehr gut verstehen, was da eigentlich irgendwo abgelaufen ist? Ob man so reagiert, das ist eine ganz andere Frage, das hat was mit menschlichen Qualitäten zu tun. Aber heute kann man's verstehen, was damals abgelaufen ist?

Überhaupt kein Vorwurf mehr, ich kann das verstehen. Zumal ich ja gesehen hab', dass sie's mit Gleichaltrigen nicht anders gemacht haben. Wenn ich daran denk', wie Sackritz zum Beispiel mit Helmut Hergesell umgegangen ist, die sind ein Alter. Zu dem haben sie immer „Schlafwagen" gesagt, weil Helmut Hergesell oft gesessen hat. Das hat er ja dann als Trainer auch und hat dann immer nachgedacht und nachgedacht und nachgedacht und ist nie aus 'm Pott gekommen. Dann haben sie dem eben mal den Schlüpfer und die Socken unter die Dusche gepackt und alles nass gemacht und ihm hingeworfen. Also insofern, ich war nicht das einzige Opfer. (lacht) Untereinander war das schon gewaltig.

Aber Sie haben sich gewehrt!

Ja. Hergesell nicht, aber ich, ja. (lacht)

Ist das später auch immer mal wieder so ein Punkt gewesen, dass man sich gerade macht, dass man sagt: „Bis hierhin und nicht weiter?"

Ich musste es nie wieder machen.

Ich meine jetzt nicht in Bezug auf die Position oder die Spieler, sondern generell auch im Leben, bei Entscheidungen oder bestimmten Dingen? Ich meine, das muss man erst mal machen. Nicht jeder steht auf oder setzt die Beine auf die Brust des anderen. War das Gerd Kische, der sagt: „Bis hierhin und nicht weiter?" Das kann sehr anstrengend sein, kann viel Ärger einbringen und kann Dinge auch negativ beeinflussen.

Leider ist es so, das ist dann später auch vorgekommen, wenn ich der Meinung war, es geht nicht anders. Das hat mir oft sehr viel Ärger eingebracht, und ich hätte an der einen oder anderen Stelle bedeutend ruhiger gelebt, wenn ich mal Luft geholt hätte, vielleicht. (schmunzelt)

Ich mache jetzt mal einen ganz großen Sprung. Als Sie dann bei Hansa der Chef waren vom Ganzen. Wäre es da nicht auch besser gewesen, ab und an mal ein bisschen Luft zu holen?

Ja, auch da. Es ist nur so, die Schnelllebigkeit dort, das völlig Neue, das hat uns ja überrannt. Und wie viele Leute sagen heute: Hätte ich das alles gewusst! Auch im normalen täglichen Leben. Dann hätte ich anders gehandelt. Hier musste ich auch noch mit Geld jonglieren, das nicht da war. Hier musste ich mit Spielern verhandeln, die nicht da waren. Und ich maß' mir überhaupt nicht an zu sagen, ich hab' das alles richtig gemacht. Um Gottes Willen! Da hätte auch das eine oder andere einen Tag Zeit gehabt, und dann wäre es vielleicht einfacher gewesen. Aber ich hatte auch Leute um mich. Wenn's gut ging, waren sie alle da. Und wenn Entscheidungen getroffen wurden, die dann in der Öffentlichkeit nicht gut angekommen sind, dann war ich's alleine. Das hat mich viel mehr geärgert.

Das gehört aber dazu, wenn du vorne stehst.

Es hat mich nur geärgert. Wer den Finger hebt, der muss auch dafür gerade stehen. Deswegen bin ich ja streckenweise so kritisch mit denen, die dann in den letzten 15 Jahren die Finger gehoben und von Tuten und Blasen keine Ahnung haben. Das ist ja genau das. Wenn ich den Finger heb', dann muss ich nicht nur dazu stehen, ich muss auch wissen, über was ich rede. Und insofern, ja, ein bisschen Gelassenheit wäre gut gewesen. Aber dann hätten wir möglicherweise auch, wie heute, 27 Pressesprecher einstellen müssen, das war ich auch noch. Nur mit mir haben die gesprochen. Und dass ich da viele Dinge falsch gemacht hab' und ehrlicherweise auch was gesagt hab', das war völliger Blödsinn. Heute kann das da gar nicht passieren, weil sich die 27 Pressesprecher beim FC Hansa ja abstimmen untereinander, da passiert ja nichts mehr.

Wir gehen noch mal zum alten FC Hansa zurück. Wir haben jetzt viele schöne Bilder und Brücken aufgebaut. Die richtige Entscheidung haben Sie getroffen, der Trainer auch, Gerd Kische spielt anstatt Sackritz, erstes Spiel für den FC Hansa Rostock, Saison 1970/71. Welche Erinnerungen haben Sie an dieses erste Spiel?

Also, wenn ich mich recht entsinne, stand in der „Ostseezeitung", das war damals ja auch schon die „Ostseezeitung": „Ein richtiger Zugewinn durch diesen jungen Burschen Kische". Wir haben, glaube ich, verloren, das erste Spiel, wenn ich mich recht entsinne, aber man hat mich gelobt. Und das war ja schon ein guter Anfang.

Es war der Anfang einer sehr guten Halbserie für Sie. Sie sind dann zur Winterpause auch schnell das erste Mal zur Nationalmannschaft eingeladen worden.

Ja, also die Nationalmannschaft war auch an einem Scheideweg. Es waren sehr viele ältere schon, also Roland Ducke, Peter Ducke, Vogel, das war so ähnlich wie beim FC Hansa. Und Georg Buschner hatte sich aus dem Trainerstab heraus mit Dr. Saß verständigt. Und Saß hat dann zu Buschner gesagt: „Du, ich hab' da so'n ganz Verrückten. Den musst Du Dir unbedingt mal angucken! Is' zwar so'n Bauernlümmel, aber guck' ihn Dir mal an!" Und wir haben am Sonntag gespielt, in Warnemünde, und dann sagt Saß zu mir: „Du

musst heute Abend Deine Sachen packen, morgen kannst Du zur Nationalmannschaft fahren." Da waren wir zu dritt, Achim Streich, Dieter Schneider und ich. Die waren aber vorher schon eingeladen, die waren schon vorher mal da. Ich war das erste Mal mit. Da kam 'ste da, hast Dich so hingeduckt. (lacht) Da waren die ganzen Großen, Peter Ducke, das muss man sich mal vorstellen. Was weiß ich, da hast du gedacht, oh Gott, oh Gott, oh Gott! Na ja! Es waren vier Tage Trainingslager angesetzt. Und ich habe nur vier, fünf Sachen mitgehabt. Was soll denn das?! Ich wusste, dass es anschließend für 22 oder 23 Spieler, von den 40 die da waren, nach Mexiko ging. Ich hatte, das weiß ich noch genau, an dem Wochenende einen Termin mit meiner Freundin damals. Wir wollten irgendwo hinfahren, das weiß ich noch wie heute. Und in diesen paar Tagen lernte ich den Dr. Dern kennen, Dr. Paul Dern. Der war Athletiktrainer bei uns in der Nationalmannschaft. Und der guckte dann auf seine Stoppuhr und sagte: „Junge, lauf' noch mal!" Und der war so fasziniert von der Athletik, von der Schnelligkeit, von der Ausdauer und hat dem Buschner so lange die Ohren voll gequakt, und ich durfte plötzlich mit. (lacht) Ich musste mir ganz schnell noch ein paar Klamotten kaufen, und so begann also die Karriere in der Nationalmannschaft. Dann sind wir da drüben angekommen. Und dann sagt der auch noch zu mir: „Du, weißt Du was? Mach' Dich mal fertig! Du spielst heute!"

Ist das im Azteken-Stadion gewesen?

Nee, das war nicht im Aztekenstadion. Das war in Guadalajara.

Also plötzlich unter den Großen...

Ich wusste gar nicht, was ich sagen sollte. Ich war so'n Mitläufer. Und dann hab' ich sogar gut gespielt, sagten alle. Und dann ging das da auch so weiter.

Uns interessieren ja in diesem Gespräch auch viele Hintergründe. Gerd Kische, wie sind Sie da eigentlich hingereist, nach Mexiko? Das war ja Anfang der 70er Jahre, wie viele Stunden waren Sie da unterwegs? Von wo sind Sie da geflogen? Wie sind Sie nach Mexiko gekommen?

Also, das muss man auch fairerweise sagen, das war immer perfekt organisiert. Das war damals der DFV[4] mit dem Schneider, der auch in der UEFA tätig war, das war schon alles gut. Ja, wir sind natürlich nicht First Class geflogen, sondern mit den meisten Spielern auf den Billigplätzen. Aber zur damaligen Zeit gab's ja kaum First Class, so wie heute. Wir sind dann von Schönefeld nach Paris geflogen, von Paris nach Madrid und von Madrid nach Mexiko. So lief das ab.

War das die erste größere Reise?

Ja, ja. Das war die erste große Reise.

Gab's vorher ein Telefonat nach Hause: Du Mutti, stell' Dir vor... ?

Nee, überhaupt nicht. Die wussten das gar nicht. Es gab ja kein Telefon. Wir vergessen das alles so schnell. Per Telefax hab' ich meiner Freundin, die war bei ihren Eltern zu Hause, mitgeteilt: „Du, ich muss mit nach Mexiko. Ich kann nicht nach Hause kommen." Oder es war per Telegramm. Und meine Eltern, die wussten das gar nicht, die haben das aus der Zeitung erfahren.

Das war dann ja wirklich der Knall.

Es war die erste große Reise in ein Land, was eigentlich für uns unvorstellbar war. Ich hatte schon mal eine sehr lange, große Reise, die weitaus spektakulärer war, und zwar nach Nordkorea, nach Pjöngjang. Das war mit 27 Mal landen und starten, dann durften wir nicht über China fliegen und all so'n Zirkus, weil da in der Mandschurei gekämpft wurde, und dann mussten wir in Irkutsk runter. Also, es war natürlich schön. Eine lange Reise war das. Aber die nach Mexiko war natürlich bedeutend besser. Und hier hab' ich dann den Peter Ducke richtig kennengelernt. Der war schon davor zwei Mal da. Einmal musste er länger dableiben, weil er sich das Bein gebrochen hatte, bei so einem Turnier. Und der kannte sich ganz gut aus. Und der hat mich an die Hand genommen, und wir sind dann auf den Azteken-Markt gegangen. Und da hab' ich den kennen- und auch schätzen gelernt. Der Peter Ducke war als Privatperson völlig anders, als der, der auf dem Platz steht. Wir haben uns auf dem Platz oft so bekriegt, dass wir eigentlich beide vom Platz runterfliegen mussten. Und dann war der völlig anders, das war schön. Und er hat mir dann so viele Dinge gezeigt und erzählt.

Ich glaube, Sie waren charakterlich auch sehr nahe beieinander, oder? Peter Ducke galt in dieser Zeit sowieso als einer der besten Fußballer. Trainer Hans Meyer hat mal in einem Interview gesagt: „Ich brauchte keinen Pelé zu trainieren, ich hatte Peter Ducke, den ich trainieren durfte." Und Peter Ducke hatte auch seinen eigenen Kopf. Es ist überliefert, dass er mal zu 'ner Klassenfahrt nur mitgefahren ist und dafür ein Spiel geschwänzt hat, weil er die Lehrerin gern kennenlernen wollte. Wahrscheinlich kennen Sie noch viel, viel mehr Geschichten. Aber lange Rede, kurzer Sinn. Sie waren doch charakterlich sehr nahe beieinander, also zwei, die ihre Karriere auch hundertprozentig auf Ehrgeiz aufgebaut haben, oder?

Ja. Da ist was dran.

Jeder für sich ein Alphatier?

Ich muss sagen, charakterlich schon. Aber als Fußballer war er mir natürlich haushoch überlegen. Peter Ducke ist einer der genialsten Fußballer, die ich je kennengelernt habe. Der wusste zwar manchmal selber nicht, was er gerade macht, aber wenn du gegen den gespielt hast, und ich hab' ja nun oft gegen ihn gespielt, das war schon ein absoluter Klasse-Mann!

Mit Intuition am Ball?

Ja, es ist unglaublich. Also, er war ehrgeizig. Der wollte jedes Spiel gewinnen, auch im Training. Das ist so. Auf'm Platz wie ein Ochse, mit allem, auch mit Handgreiflichkeiten. Wenn du vom Platz runter bist, draußen war er plötzlich völlig anders. Und er hat das Leben auch sehr genossen. Aber als Fußballer darf ich und kann ich mich mit ihm niemals vergleichen.

Wir nehmen jetzt mal diese große Geschichte, Mexiko, das hat ja nun wirklich geknallt. Wie waren so die Reaktionen danach? Sie waren zurückgekommen, hatten vorher gar nicht groß telefonieren können, weil das gar nicht möglich war. Wie waren die Reaktionen, was lief da ab?

Alle haben gefragt. Da kommt der kleene Junge wieder zurück (schmunzelt) und erzählt und erzählt und hat Bilder mitgebracht und hat für seine Freundin viel eingekauft, weil die Stoffe dort gut und preisgünstig waren. Wir haben das erste Mal so viele Dollar in der Tasche gehabt, wie noch nie. Wir haben da so Tagegeld gehabt, damals vier Dollar. Ein

Dollar war zu der Zeit vier West-Mark wert, wir haben ja erst mal in West-Mark umgerechnet. Da konnten wir uns viel kaufen. Ich hab' mir alle Jeans, die es da gab, Levi Strauss, gekauft und Schallplatten mitgebracht, und was weiß ich. Ich kam mir vor wie Rockefeller! Und das hat man dann auch transportiert. Plötzlich hattest du so viele Freunde. Ich komme jetzt darauf zurück, was Sie vorhin gesagt haben. Ja, da ging es dann los, da hattest du unheimlich viele Freunde.

Kamen da Leute, nach dem Motto: Mensch, Gerd kannste nicht mal? Oder: Ich kenn' Kische persönlich! Gab's da solche Geschichten?

Da kam mal zum Beispiel einer auf mich zu, der wollte heiraten. Ich sag': „Ist doch schön für Dich, ist doch herrlich, ich bin noch lange nicht so weit!" „Ja", sagt er, „das ist aber nicht das Problem. Das Problem ist, ich krieg' keine Ringe!" Da sag' ich: „Was hab' ich mit Deinen Ringen zu tun?!" „Ja", sagt er. „Im Intershop gibt's die. Kannst Du mit mir nicht Geld tauschen, gibst mir Dollar oder West-Mark. Ich geh' in den Intershop, da gibt es welche, und ich tausch' Dir das ‚eins zu fünf' um?" Da hab' ich ihn angeguckt und lange überlegt, was ich mache. Ich hab' ihn weggeschickt, hab's nicht gemacht, weil ich mir nicht sicher war. Will der dich jetzt testen? Durch diese Schule sind wir ja gegangen. Ich werd' nachher gleich noch ein anderes Beispiel bringen.

Das wäre ja wohl ein Devisenvergehen gewesen, oder?

Das ist ja wieder die Schizophrenie. Was damals in der DDR alles ging, was eigentlich verboten war, und dann legal gemacht wurde. Jedenfalls, drei Tage später hab' ich ihm dann das Geld gegeben, weil er mir leid getan hat. Es ist gut gegangen, es ist nichts nachgekommen. Das einzige, was passiert ist, war, dass jemand von der Stasi beauftragt wurde, jeden Tag in mein Portemonnaie zu gucken, wie viel Dollar oder West-Mark ich drin hatte. (Lachen in der Runde)

Das war dann die Crux an der Geschichte... also war Ihr erstes Gefühl genau das richtige?

Ja, ja, genau so. Um auf dieses Devisenvergehen noch mal zu kommen. Jedes Mal, wenn wir über Dänemark, über Kopenhagen, geflogen sind, Kopenhagen war so die Drehscheibe, wenn du über See geflogen bist, dann haben wir dort immer getauscht, DDR-Mark gegen Dollar oder gegen West-Mark. Und alle wussten das von uns. Ich hatte ja ein Trainingslager gehabt, hier in Rostock und in Graal-Müritz, und ich wollte mir Geld mitnehmen. Und ich konnte auch noch mal nach Hause fahren abends und wollte mir Geld holen. Der Buschner war mir gegenüber oft sehr großzügig. Und dann hab' ich das vergessen. Ich hatte kein Geld mit. Alle sind sie tauschen gegangen, und ich Idiot hatte das vergessen. Und da bin ich zum Trainer gegangen und hab' gefragt, ob er mir was borgen kann fürs Umtauschen. (lacht) Das hat er auch gemacht, ich hab' ihm das dann irgendwann wiedergegeben zu Hause. Nur so viel zum Devisenvergehen. Und was noch unverständlicher ist: Als wir damals von der WM zurückkamen, da hat jeder von uns, also gestaffelt nach Einsatz, so blank viele tausend West-Mark in die Hand gedrückt bekommen, so in die Tasche, nach Hause. Und ich hab' noch 'n eigenes Konto gehabt und hatte 'ne Telefonnummer, eine von „Schalcks Truppen", und konnte anrufen, konnte mir von „Otto" oder was weiß ich, so'n Katalog mitnehmen und dann ankreuzen: „Das will ich haben", das haben sie mir vor die Haustür gefahren. Auf der einen Seite streng, so grundlos eingesperrt... Immer, wie man das brauchte!

Auf der Reise, wo Sie sich das Geld von Buschner geborgt haben, war das damals, als Sie nach Amerika geflogen sind, in die USA?

Ja, das war die Reise nach Kanada, in die USA, Los Angeles und San Francisco. Und von dort aus sind wir nach Montreal geflogen. Das war 1975, die Vorbereitung auf die Olympischen Spiele '76.

Da hat's ja einen kleinen Vorfall gegeben, in Chinatown, in San Francisco, wo Sie sich verlaufen haben? (Kische lacht)

Ja, wir hatten sehr wenig Zeit. Und ich wollte unbedingt Chinatown sehen, weil ich sehr viel darüber gelesen hatte. Ich hab' mir damals auch oft Reiseberichte gemacht, mir alles aufgeschrieben. Ich wollte das einfach sehen. Und ich hab' damals jemanden gefragt von meinen Spielerkollegen: „Kommst Du mit?" Nee, die hatten alle entweder Angst oder keine Zeit oder wollten was anderes machen, und ich wollte da unbedingt hin. Ich bin auch hingefahren, alles in Ordnung. Nur auf der Rücktour bin ich eine Station zu früh ausgestiegen. Ich hatte nicht so sehr viel Zeit, weil das Mittagessen pünktlich angesetzt war. Das war vormittags.

Und San Francisco ist ja auch sehr, sehr bergig...

San Francisco ist nicht nur bergig, sondern, wenn du dann in Panik gerätst, weil dir die Zeit wegläuft, auch riesengroß, verdammich noch mal! (lacht) Und an jeder Ecke sieht es fast gleich aus. Und dann bin ich tatsächlich erst mal rumgeirrt, bis ich dann den richtigen Weg ins Hotel gefunden hab' und bin 'ne Stunde zu spät gekommen. Und da war schon alles hellrot beleuchtet (lacht), weil sie gedacht haben, ich wär' abgehauen. Und die Angst, dass da was passiert und so... Na, jedenfalls habe ich denen das so gesagt, wie es war. Der Einzige, der mir geglaubt hat, war Buschner. Ich hab' eigentlich nur die Wahrheit gesagt. Essen wollte ich gar nichts mehr, das war schon erledigt, da hat mir nichts mehr geschmeckt. Und die Partei-Fuzzis, die haben dann auf Buschner so eingedonnert. Und dann hat mich Buschner in sein Zimmer geholt und hat gesagt: „Du, pass' auf, ich muss jetzt mit Dir...". Und dann hat er mir später vor versammelter Mannschaft mitgeteilt, dass ich 100 Dollar Strafe zahlen muss. 100 Dollar Strafe! Das muss man sich mal vorstellen! Das sind damals 400 West-Mark gewesen! Ich hab' keine Spielprämie gekriegt und auch sonst nur das Nötigste... Na ja, jedenfalls diese dreieinhalb Wochen waren dann im Prinzip nicht mehr zum Einkaufen. Was Buschner dann gemacht hat, ganz am Ende der Reise: Da hat er mir die 100 Dollar zurückgegeben und gesagt: „Ich musste das doch machen, ich kann Dich doch verstehen. Aber diese ‚Lattenhorcher'", so hat er sie immer genannt, „die haben mich gezwungen. Hier hast Du sie wieder!" Ich habe also keine Strafe bekommen. Ich weiß gar nicht, ob die anderen das jemals mitbekommen haben.

Wie kann man das Verhältnis beschreiben, das Sie zu Georg Buschner hatten? Waren das Respekt und Freundschaft?

Ich versuch' es mal...

*Denn es ist ja auch die Beziehung „Chef und Untergebener"
gewesen...*

Georg Buschner hat immer klare Aufgabenstellungen vorge-
geben. Wenn du sie erfüllt hast, dann ging sein Konzept auf,
dann hattest du deine Ruhe. Er mochte eigentlich gar keine
Duckmäuser. Er brauchte auch jemanden, der genauso war,
wie er selbst früher. Ich hab' alles von Paul Dern gelernt,
unserem Athletiktrainer. Das war sein Busenfreund. Die
beiden haben schon zusammen studiert und nebeneinander
gewohnt. Der und er waren wie „Arsch auf Eimer". Und
die haben sich auch über alles verständigt. Und Buschner
ist auch so'n „Hallodri" gewesen, so wie die Fußballer nun
mal waren. Und der konnte das so gut verstehen und hat so
ähnlich „Stolperfußball" gespielt wie ich. Aber dieser Ehrgeiz, dieser Wille, das hat ihm immer imponiert. Dazu kam
das ständige „Mich-gut-reden" durch Paul Dern bei Georg
Buschner, so dass der oft schon gesagt hat: „Paul, halt' die
Klappe jetzt, ich seh' das selber!" Er mochte mich, ich mochte ihn, seine Frau - das war alles schön. Ich durfte bei ihm
zu Hause sein, was ganz selten der Fall war. Bei Paul Dern
war ich häufiger. Paul hat natürlich dann auch alles dem Georg Buschner erzählt, wenn dann mal die Mädels mit in der
Sauna waren, bei Paul, die Leichtathletinnen. Einige sind
dann sogar Olympiasiegerinnen geworden. Dann waren wir
bei Paul in der Sauna, und das hat der dem Buschner natürlich alles erzählt. (lacht) Und das mochte der. Das hat sich
so entwickelt in den Jahren.

Sie waren aber alle schon verheiratet damals?

Nee, da noch nicht.

Ach so.

Das war erst etwas später. Dann hätte ich ja so was nicht gemacht!

Nein, klar! (Kische lacht) *Wie war das eigentlich in der Mannschaft, als die mitkriegten, das war ja ein gutes Verhältnis, hat das auch so ein paar Ressentiments gebracht, dass Leute sagten: „Ach, guck' mal hier, das ist der Zögling von..."*

Ja, ja. Erst schwirrte durch die Gegend, ich wollte eine seiner Töchter heiraten, er hatte aber gar keine, er hat zwei Söhne. (Lachen in der Runde) Das war das erste, was so ein bisschen herumschwirrte, weil die das nicht verstehen konnten. Und später hieß es dann: „Kommst *Du* mit?", wenn irgendwas Halbgewalktes gemacht wurde. Also wenn wir in Leipzig oder Dresden waren und dann nach dem Abendbrot noch mal durch die Hintertür in irgendeine Disko gegangen sind, dann haben die immer gefragt: „Kommst *Du* mit?" Ich war bei dem einen oder anderen auch gar nicht so beliebt, so war es nicht, und dann hat mir irgendwann mal einer gesagt: „Na, wenn *Du* mitkommst, dann hab' ich keine Angst, Dir sagt er ja nichts!"

Der Schutzschild... (Kische lacht)

Der hat mich so oft erwischt. Wir haben dann ein Trainingslager gehabt, in Kienbaum. Alle anderen Sportarten haben sich brav angestellt und sind im Gleichschritt zum Essen gegangen. So wie das früher war, es fehlte nur noch das Halstuch, das blaue oder das rote. Und Buschner hat gesagt: „Wir sind doch hier nicht im Kindergarten!" Der war

also der Zeit weit voraus. Und da hat er gesagt: „Jungs, um 12 ist Mittagessen, und 15.30 Uhr ist Kaffee, anschließend ist dann Training, und dann macht mal!" Dann ist jeder gekommen, wann er wollte, und es war gut. Und in dieser Zeit haben wir dann immer für den Abend vorgesorgt. Da wurde der Kasten Bier geholt oder irgendwas anderes...

Wir reden über Leistungssport, Nationalmannschaft...

Ja, was ist denn heute? Heute machen die auch nicht nur Reklame für Bier, die werden auch trinken, das ist ja nun mal so.

Jetzt muss ich noch mal nachhaken: „Wie Fußballer eben so sind" hörte ich vorhin. Wie sind denn Fußballer?

Sie sind anders als Leichtathleten, die sind viel braver oder auch anders als Handballer. Fußballer glauben, weil sie Fußball spielen, sind sie was Besonderes und können sich mehr rausnehmen. Glauben sie!

Und noch eine Sache: „Stolperfußball", da bin ich vorhin drüber gestolpert, was stell' ich mir darunter vor?

Na, dass das oft nicht so ästhetisch aussieht, weil die Leichtigkeit fehlt, das Filigrane. Ganz so schlimm ist es nun nicht gewesen, aber ich habe eben durch meine unglaubliche Schnelligkeit viele Dinge wettgemacht. Nachdem, was ich erreicht hab', kann ich ja nun ganz ehrlich sein. Also, da fehlte es schon an der einen oder anderen Stelle. Wenn ich mit links jonglieren sollte, das war eine Katastrophe! Ganz nebenbei mal.

Wo war ich vorhin stehengeblieben? Mittagessen. Dadurch, dass wir ja nun abends immer alle zusammengesessen und bis tief in die Nacht Skat gespielt haben, war dann auch der Kasten Bier da und das eine oder andere.

Also in mir bricht gerade ein Bild von der Nationalmannschaft zusammen... (Lachen in der Runde) Obwohl ich es weiß, warum sollen die anders sein als ich?

Na ja, vor allem, seien Sie mal vier Wochen dort eingesperrt. Du wirst wahnsinnig in so 'ner Sportschule. Ringsrum ist alles abgeschottet, da kommt keiner raus. Du warst noch froh, wenn die Leichtathleten mal da waren, da konnte man mal ein bisschen hospitieren, mal zugucken, was die da so machen. (lacht) Und dann war ich dran, die Tasche vollzupacken und zu holen. Und wer kommt mir die Treppe hoch entgegen? (lacht) Georg Buschner! Und der sagt zu mir: „Na, haste eingekauft?" „Ja!", sag' ich, „hab' bissel Wasser geholt." Und da hat er sich umgedreht und gesagt: „Für diese Lügerei stell'ste mir gleich zwei Bier in mein Zimmer!" und ist weitergegangen.

Wenn man dieses Trainingslager betrachtet, den Klub, die Punktspiele, diesen ganzen Betrieb, die Fußballer, auch in den oberen Regionen, wie hat man da das normale DDR-Leben erlebt? Also, ich guck' jetzt mal zu Ihrer Familie, Ihren Eltern oder Menschen, die Sie kannten. Sie waren da ja schon ein bisschen in einer anderen Sphäre. Ich rede jetzt gar nicht von irgendwelchen Dollars. Wie haben Sie das wahrgenommen?

Wenn man ganz ehrlich zu sich ist, ist das immer weiter auseinander gegangen zwischen der Familie und diesen einzelnen Typen da. Das hat möglicherweise mit der eigenen Überheblichkeit zu tun, weil du ein völlig anderes Leben hast. Wenn ich daran denke, dass ich mit 24 'ne Riesenvilla hatte. Meine Eltern sind gar nicht zu mir gekommen. Die haben in einer Bruchbude gelebt. Die Schere ist so weit auseinander gegangen. Ich selber habe mich in eine Richtung bewegt, wo ich heute sage: Mensch, bist du denn bekloppt gewesen?! Du kamst da nicht raus...

Man gewöhnt sich dran?

Du gewöhnst dich dran. Dinge, die sind so selbstverständlich, dass alle was für dich tun und dass du nur ein Mal anzurufen brauchst und dass du die Taschen voller Kohle hast, ganz egal, rechts Westgeld, links Ostgeld. Und die Leute jubeln dir zu. Das musst du erstmal verkraften! Ich war jemand, der dann streckenweise nicht auf dem Boden geblieben ist.

Zum Beispiel?

Ich wollte immer noch ein größeres Auto haben. Die anderen waren alle mit'm Skoda oder Trabant zufrieden. Ich hab' drauf bestanden, dass ich eben einen Wartburg hab'. Und wenn ich gesagt hab': „Ich leg' mich nicht hin zum Schlafen!", denn mittags sollten wir uns immer hinlegen, „Ich leg' mich nicht hin, da kann Trainer sein, wer will! Ich mach' mittags immer meine eigenen Geschäfte, und Du kannst mich mal gerne haben, Trainer!"

Was heißt „Geschäfte"?

Was weiß ich, ich hab' für irgendjemanden was besorgt oder für mich oder hab' mich mit irgendeinem Mädel getroffen...

Ein junger, kraftstrotzender Mann!

Ja, und du hast das gar nicht gemerkt, dass du dich in eine Richtung bewegst, wo die Eltern dann kaum noch mit dir gesprochen haben. Die haben sich nicht getraut, und ich wollte nicht mehr. Im Nachhinein ist das schade!

Da war keine Spur von schlechtem Gewissen?

Nein!

Das hat man gar nicht wahrgenommen?

Überhaupt nicht. Alle haben dir auf die Schulter geklopft. Ich bin besoffen Auto gefahren. Normalerweise nehmen sie dir die Fahrerlaubnis weg, mir haben sie sie am nächsten Tag wiedergegeben. Das sind alles so Dinge, die gehen nicht! Und da gewöhnt man sich dran. Und wenn da nicht mal einer ist, der dir eine an den Kopf haut und sagt: Nun werde mal wieder vernünftig! Da brauchst du richtig Kumpel. Wenn ich zur Bezirksleitung gefahren bin, weil da irgendein „Großer" Geburtstag hatte. Da wollten sie alle, dass ich antanze dort, weil sie sich alle mit dem Sprössling geschmückt haben. Dann hab' ich gesagt: „Ich bin mit dem Auto hier, ich kann nicht trinken." „Du säufst jetzt mit, und sag', dass du bei mir warst!" Und da gewöhnt man sich schnell dran, man glaubt wirklich, man ist der „Nabel der Welt".

Das heißt, dass Ihnen der Führerschein nicht abgenommen worden ist oder dass keine Sanktionen danach kamen, das haben Sie der Bezirksleitung zu verdanken?

Ja, vielleicht meiner Leistung oder dass die eben die Hand drüber gehalten haben. Das war damals wirklich Diktatur. Da hat einer gesagt: „So!", und dann ist es gut.

„Genosse, wir regeln das!"

„Wir regeln das. Du spiel' mal ordentlich Fußball, das andere machen wir."

Es gibt ja hunderttausend Sachen, wo man wusste, dass ein Anruf in der Kreis- oder Bezirksleitung oder bei einer wichtigen Persönlichkeit schon was regeln kann. Hat der junge Gerd Kische das schon mal ausgenutzt, nach dem Motto „Ich helf' dir da mal!"? Denn das ging ja...

Ich hab' das für selbstverständlich gehalten. Wenn ich irgendwas nicht bekommen hab', dann hab' ich da oder da angerufen, und dann war das am nächsten Tag erledigt. Um mal ein Beispiel zu nennen: Ich wollte für das große Haus gute Fliesen haben. Es gab nichts Vernünftiges. Und ich wollte mein Westgeld nicht für die Fliesen ausgeben. Und dann hab' ich da angerufen, und da konnte ich in die Baustoffhandlung, in dieses „Genex[5]-Lager" kommen und konnte mir die aussuchen. Das war selbstverständlich, man hat sich so dran gewöhnt. Du brauchtest ja nur da anzurufen. Und dass man dann den Boden verliert, dass liegt daran, dass man da vielleicht selber nicht aufgepasst hat.

Vielleicht waren Sie zu jung? Gab's irgendwann dann doch jemanden, der Ihnen mal auf die Hörner gehauen und gesagt hat: „So, Junge, jetzt ist es gut!"?

Ich hab's ja dann mit 29einhalb Jahren richtig dick zurückbekommen. Da haben sie all das nachgeholt, was sie vorher gerne mal gemacht hätten.

Sie sprechen von Ihrem Karriere-Ende beim FC Hansa? Da waren Sie in Ungnade gefallen...

Ja, da war ich dann „Persona non grata". Alle die, die mich eben noch gestreichelt haben, die kannten mich dann nicht

mehr. Aber ich möchte noch eins sagen: Diesen Leuten, die Verantwortung haben, die auch glaubten, sie sind was ganz Wichtiges, denen habe ich regelmäßig Karten geschickt aus der bunten Welt. Das habe ich immer gemacht. Und die haben dann überall die Karten rumgezeigt: „Guck' mal, der hat mir geschrieben." Im Nachhinein fragt man sich, was sind das für armselige Menschen gewesen? Aber ich wusste, dass das ankommt.

Also waren Sie damals schon ein richtig guter Netzwerker?

Das weiß ich nicht, aber in meiner Naivität hab' ich gedacht, das musst du machen, das hilft. Und was hilft, kann ja nicht schlecht sein.

Das läuft darauf hinaus. Vielleicht noch mal ein Nachhaken ganz praktischer Art. Wenn so Artikel in der Zeitung waren und Ähnliches mehr, wurde das auch gesammelt? Gab's da so Ordner, Alben? Hat das irgendwer abgeheftet?

Nee, das hab' ich nicht gemacht. Also, das ist zum Beispiel etwas, was keiner verstehen kann. Bei mir im Haus ist nichts vom Fußball zu finden, gar nichts.

Heute.

Heute und auch damals schon. Ich hab' nichts gesammelt. Das einzige, was ich noch habe, ist meine Goldmedaille. Ich habe nichts weiter. Wenn einer von mir ein Foto haben will, muss ich mir das von anderen geben lassen. Ich habe nichts mehr. Das habe ich auch damals schon nicht gemacht.

Wo ist das Trikot geblieben, was Sie mit Berti Vogts 1974 getauscht haben?

Das habe ich irgendjemandem geschenkt. Ich weiß es nicht mehr ganz genau, vielleicht meinem Onkel. Ich hab' alles, wie ich es hatte, wieder verschenkt. Der eine hat mir 'ne West-Antenne gebaut und wollte dafür so 'n Trikot haben.

War das diese sehr, sehr hohe West-Antenne?

Ja, ja. Das war die, wo ich anschließend richtig Ärger hatte, auf dem Dach des Pastors.

Wie hoch war die Antenne noch mal?

26einhalb Meter. (lacht)

Höher als der Kirchturm?

Nein, es kommt ja noch viel schlimmer. Ich brauchte ja so'n Kabel vom Kirchendach, so 'n Erdkabel. Das war auch noch zu kriegen. Aber wir haben einen zu starken Verstärker da rangebaut, und nun musstest du da oben ran. Und da hab' ich mir 'ne Feuerwehrleiter... (lacht)

Also eine Drehleiter...

...'ne Drehleiter organisiert, und da ist der oben hoch gekrochen. Und genau an der Ecke saß ein Mitarbeiter der Bezirksleitung, der hat sofort alles alarmiert. Da passierte noch gar nichts. Hauptsache, ich hatte meine West-Antenne von meinem Haus weg. Es wussten alle, dass ich die da angeschlossen hatte. Keiner hat was gesagt, zu dem Zeitpunkt.

Also erklären wir das noch mal. Die West-Antenne von Gerd Kisches Haus war weg, weil es da schon ein paar Bemerkungen gab. Dann wurde sie auf der Kirche platziert, dann hatte jetzt also der Pfarrer was davon.

Und der Pastor hat sich das alles aus Hamburg kommen lassen, was wir brauchten, ein guter Kumpel hat alles zusammengebaut. Ich hab' von meinem Bruder ein Teleskop besorgt. Dann haben wir noch am Sonntag während der Kirche (lacht) das Ding da oben rauf gebaut. Man darf nicht darüber nachdenken... Das ging alles gut, aber das hab' ich dann zum Ende, als sie mich rausgeworfen haben, alles brühwarm abbekommen.

Waren Sie in der Partei?

Ja, ja. Beim ersten Länderspiel, da brauche ich gar nicht drüber nachzudenken. Also das war etwas, das habe ich anstandslos gemacht. Die drei fünfzig, die ich da an Beitrag zahlen musste...

Haben Sie bei Hansa dann auch richtige Parteiversammlungen gehabt?

Da bin ich nie gewesen. Also, vielleicht ein Mal in zehn Jahren. Und in der Nationalmannschaft, wir waren ja sehr oft eingezogen, da hat dann Buschner gesagt: „Hey, guckt doch mal den ‚Schwarzen Kanal' an, ich muss das abhaken!" (Lachen in der Runde) Das war ein Leben! Da hat doch keiner hingeguckt, ob du da warst oder nicht. Da haben wir lieber 'ne Cola mit Wodka getrunken (lacht), als den „Schwarzen Kanal" geguckt.

Wie war überhaupt so das Verhältnis zum eigenen Land, als Kind der DDR und als Parteimitglied, ich formuliere es mal vorsichtig, wahrscheinlich ist man doch eher geneigt, einfach praktisch zu leben, seine Dinge zu regeln, seinen Vorteil daraus zu ziehen oder gab's auch so Überlegungen über das, was gesellschaftlich passierte? Oder war das eher zwei- und drittrangig?

Das hat uns nicht interessiert. Wir haben in unserer Welt gelebt, und die war heil. Wir konnten doch sowieso nichts ändern. Was wolltest du machen?! Wenn du dich aufgeregt hast über irgendwas, dann hat dich vielleicht der nächste angeschissen. Es ist alles gut gewesen.

Aus der heilen Welt kommt man ja ab und zu doch mal raus, aus irgendwelchen Gründen. Haben Sie da manchmal so nachgedacht? Oder sagten Sie sich einfach nur: Gott sei Dank, bin ich auf der richtigen Seite geboren!

Also, wenn du die Slums in Mexiko oder die Slums in Südamerika, in Kolumbien, siehst, oder auch Argentinien, ganz egal, das hat einen dann bewegt. Und da hab' ich auch gedacht: Gott sei Dank...! Ich will niemandem zu nahe treten, und ich kann mich nicht beschweren. Ich habe eine ordentliche Kindheit gehabt, für unsere Verhältnisse. Aber eins hab' ich mir geschworen: So werd' ich nie leben, wenn ich groß geworden bin, zu zweit im Bett. Das werde ich nicht machen. Das wollte ich schon immer anders. Meine Eltern haben alles im Rahmen ihrer Möglichkeiten gemacht, aber

das wusste ich, das hätte ich groß an die Wand malen können: So willst du nie leben!

*Schön, dass wir noch mal auf diesen Punkt kommen. Sie haben
es vorhin schon gesagt, Sie sind in der Sowjetunion gewesen,
Ende der 60er Jahre, lange bevor Sie in Schottland, in Mexiko, im kapitalistischen Ausland waren. Da wurde man ganz
schnell wieder in die Realität zurückgeholt, oder?*

Wir haben gerade darüber gesprochen, sollte man was sagen
oder nichts sagen und lieber schweigen? Ich weiß noch, „von
der Sowjetunion", hörte man ja nun, „lernen heißt siegen
lernen." Und man hat uns in den Schulbüchern erzählt, wie
sauber und ordentlich das alles in der Sowjetunion ist...

Das ist schon fast Kommunismus.

Das ist Kommunismus, und alle leben nicht nach ihren
Fähigkeiten, sondern nach ihren Bedürfnissen, das sollte ja
dieser utopische Gedanke sein. Lassen wir das! Als ich dann
das erste Mal da war, da waren wir noch gar nicht in Moskau, aber wir sind durch ganz Sibirien gefahren, und wir
sind ja auch ein paar Mal da runter gekommen. Da hab' ich
gedacht: Was lügen die uns hier eigentlich vor?! Das war ein
Saustall ohne Ende. Die Frauen haben gearbeitet, und die
Männer waren alle besoffen, und Sauberkeit?! Da hab' ich
so bei mir gedacht: Sagst du jetzt mal was? Was erzählen
die uns eigentlich?! Die Russen können vielleicht gar nichts
dafür, die leben so, wie sie sind. Aber uns erzählt man, im
Himmel ist Jahrmarkt. Sagst du das jetzt mal irgendwann?
Was erzählen die uns eigentlich?! Oder hältst du die Klappe?
Du legst dich doch dann nur mit jedem an, solange es nicht

um mich selber ging. Wenn es mich selber betraf, da hab' ich schon „Rambazamba" gemacht.

Sie haben über diese Reise in die Sowjetunion 1968 auch schon in früheren Interviews viel gesprochen, weil Sie das sehr mitgenommen und schockiert hat. Das haben Sie ja eben auch gerade noch mal gesagt. Sie haben auch in einem Brief an Ihre Mutter darüber Auskunft gegeben und haben ihr die Zustände da geschildert. Und besonders schlimm war es wohl für Sie, dass es auch wenig zu essen gab, oder?

Ja, wir haben in Nordkorea wie die Fürsten gelebt und unterwegs nichts zu essen bekommen. Das, was wir uns so mitgenommen hatten, so harte Wurst, haben wir in der Sowjetunion gebraucht, um da über die Runden zu kommen, weil wir da zwei Tage runter mussten, nach Irkutsk oder Omsk. Das hat mich beschäftigt, aber jetzt sag' ich noch etwas: Mich hat beschäftigt, was man uns für einen Blödsinn erzählt. Wenn man an die Hilfsbereitschaft der Russen denkt, die Gastfreundschaft und all das, im Rahmen ihrer Möglichkeiten, da möchte ich gar nicht schlecht über diese Menschen reden. Die sind so, wie sie sind. Aber uns soll man nicht erzählen, dass sie anders sind. Das widerspricht den Tatsachen, und das finde ich blöd. Und dieses Geheuchel, weil sie nun mal den Sozialismus ins Leben gerufen haben und dass das die besten Menschen sind... Das ist Blödsinn! Ja, ich habe diesen Brief geschrieben, ich war total entsetzt, im Flugzeug hatte ich ja Zeit. Meine Mutter hat den aber sofort zerrissen. Ich wollte ihn dann irgendwann noch mal lesen und sehen, was ich da geschrieben habe. Dann hatte sie ihn schon längst verbrannt, weil sie Angst hatte, was ich da geschrieben hab'.

Das heißt, dass Nordkorea – Sie sagten, Sie lebten dort wie die Fürsten – offensichtlich damals ein anderes war, als wir es heute zu kennen meinen?

Ja, das ist auch so. Denn ein sehr guter Freund von mir, den ich auch seit 1970 kenne, der war bei uns Mannschaftsarzt und vor ein paar Jahren jetzt noch mal wieder in Korea. Der war früher auch schon mal da. Der sagte, das habe sich total verändert. Dass man uns am liebsten den Fotoapparat wegnehmen wollte, weil sie sehr misstrauisch waren, das war damals schon so. Aber die haben uns großartig behandelt. Wir sind dann von Pjöngjang ans Japanische Meer gefahren, nach Wonsan rüber. Da gab es damals schon Luxus-Suiten für Urlauber, das war großartig! Also, das muss ich sagen, das war toll! Und eine Freundschaft und eine Herzlichkeit und saubere Verhältnisse! Und beim Bus, da stand aber jeder hintereinander, da gab's kein Drängeln. Es war damals sehr schön, ich kann nichts Negatives über Nordkorea sagen.

Wir arbeiten uns ja jetzt so langsam vor in Richtung Fußball-WM 1974, weil das ein wesentlicher Punkt in Ihrer Karriere war. Die Zeit beim FC Hansa Rostock, so Anfang der 70er Jahre, wann haben Sie für sich selbst empfunden: Ich bin jetzt ein Spieler, der beim FC Hansa angekommen ist?

Als ich dann '72 so weit war, dass ich mit zu den Olympischen Spielen fahren durfte und sollte, da habe ich dann schon gedacht: Na, nun hast du es vielleicht doch geschafft, also zu Hause auf jeden Fall, aber vielleicht auch in der Nationalmannschaft. Es war so, dass ich mir dann die einzige Verletzung, die ich je hatte, den Zehbruch, zugezogen habe und wieder nach Hause musste und nicht spielen konnte in München. Das ist etwas, was auch mal passieren kann, das war auch totale Blödheit. Aber das gehörte dazu, egal, das sollte so sein. Dann kippte es wieder ein bisschen, weil ich '73 dann über die Nachwuchsauswahl sehr viele Spiele gemacht hab', also B-Auswahl, und dort im Endspiel irgendwann in der Europameisterschaft gespielt hab'. Und dann habe ich es wieder geschafft, mich ranzuarbeiten, das war 'ne schlimme Phase '73. Und dann hab' ich den Sprung geschafft in die Elf 1974. Also Anfang '74 waren mehrere Trainingslager, hier in Rostock zum Beispiel eins, und da war ich dann wieder so fit und auch so angesehen bei den Herren der Nationalmannschaft, da hab' ich gewusst: Ja! Und nach der WM '74, das war mir klar, wenn mir jetzt nichts Schlimmes passiert, dann hast du´s gepackt.

Wenn wir damals schon Boulevard-Medien gehabt hätten, in der DDR, was hätten die über Kische geschrieben? Waren Sie damals schon dieser Typ, den man beschreiben würde: „Das ist einer mit Ecken und Kanten“?

Also, entweder wären die Medien über mich hergefallen, das wär' nicht lange gut gegangen. Oder ich hätte mich so dran gewöhnt, und das ist so wie heute, dass man von vornherein weiß, das kannst du nicht machen. Das, was wir früher machen konnten, war mit dem Wissen: Was kann dir denn passieren?! Hauptsache, du lässt dich von den „Parteiniks“ nicht erwischen. Also, wenn ich daran denke, was wir '74 dort alles in Hamburg und in Quickborn gemacht haben...

Da gab's doch einen Reeperbahn-Ausflug, oder?

Ja, auch.

Sagt man so.

Ja, das stimmt.

Vor dem Spiel, nach dem Spiel? Vor lauter Begeisterung?

Wir haben das erste Mal gegen Australien gespielt und dann in Hamburg gegen Chile...

Nach dem BRD-Spiel waren Sie doch auf der Reeperbahn? Im Siegesrausch...

Jedenfalls ist dem einen oder anderen, sicherlich 'ne gute Promille im Kopf, dann die Erleuchtung gekommen (lacht): „Los, wir fahren nach Hamburg rein!" Denn ein bisschen ist es ja doch zu fahren. Und da ja nun keiner von uns ein Auto hatte, haben wir die Sicherheitsleute gefragt. Wir hatten ein unglaublich gutes Verhältnis zu denen. Die haben uns bewacht, aber die waren so super, das muss man wirklich sagen, hoch gebildete Jungs! Und drei von uns haben dann gesagt: „Los, wir fahren mal rüber! Fahrt Ihr uns?"

Wer waren die anderen beiden?

Das sag' ich nicht! (Lachen in der Runde) Ich weiß nicht, ob die da Probleme kriegen.

Sie wollten doch nur Bier trinken.

Haben wir ja auch. Dann haben die gesagt: „Sagt mal, seid Ihr von allen guten Geistern verlassen?! Ihr Ossis hier! Wo sie doch hier alle gucken!" Und einer hat gesagt: „Gut, kommt!" Und dann sind wir rüber gefahren. Morgens, als der Bombenalarm war, da waren wir gar nicht da. Hätte ruhig hoch gehen können, wir waren gar nicht da. (schmunzelt)

Da war doch dann „Zähl-Appell", wenn Sie nicht da waren...

Ach! Die waren alle verschwunden, da war kein Mensch da. Irgendwo waren alle unterwegs. Ich war, glaube ich, um 6 Uhr dann wieder zu Hause.

Das heißt, nicht nur Sie haben Ausflüge gemacht, andere auch?

Die waren alle unterwegs.

Also, die Sicherheitsleute von bundesdeutscher Seite, die haben Sie hingefahren...

... die haben gewartet, waren an unserer Seite, es konnte nichts passieren, es war super! (lacht)

Zu Hause geblieben in Quickborn sind nur die Funktionäre?

Ich weiß, dass Buschner in jedem Fall da war, ein Masseur von den beiden war auch da, weil der so besoffen war, der hätte gar nicht mehr gehen können. (schmunzelt) Und einer von den „Politniks" namens Bolt, der hatte sich so einen reingeholfen, der ist baden gegangen in dem Teich dort, zur Blamage von allen... (lacht) Von denen weiß ich hundertprozentig, dass die da waren.

Und die Blamage war, dass er splitternackt war?

Das war 'ne Katastrophe. Das war einer von den „Politniks", der hatte von Fußball gar keine Ahnung. Hauptsache, wir hatten den Klassenfeind geschlagen, da war der happy. Der hat sich den Whisky reingeholt und ist in den Teich gefallen und wurde dann rausgeholt und ins Bett gebracht.(lacht)

Wenn ich so zuhöre, also ich finde das äußerst interessant. Ich weiß noch, wenn wir im Sport beim Fußball die Leute eingeteilt haben, dann haben wir uns die Namen der Fußballer gegeben. Ihrer war dabei, der von Peter Ducke natürlich auch. Das weiß ich noch. Jeder wollte Peter Ducke heißen auf dem Platz. Ich weiß nicht, wie man mich genannt hat, auf'm Platz...

Oliver Kahn! (Schmunzeln in der Runde)

Die Karriere, die Erfolge, die es ja unbenommen gab, es waren ja tolle Geschichten, was da passiert ist. Wäre das ohne die DDR auch möglich gewesen?

Hätte, wenn und aber... Möglicherweise wäre es noch erfolgreicher gewesen. Es ist aber hypothetisch. Ich bin überheblich genug, um zu glauben, dass ich mich auch in der Bundesliga durchgesetzt hätte. Aber auch möglicherweise nicht, weil man mit dem Lebensstil und der ja doch fehlenden Kameradschaft, so wie wir das hatten, nicht zurechtkommen wäre. Ich weiß es nicht. Das ist sehr hypothetisch. Bei mir ist die Wahrscheinlichkeit größer, dass ich dort welche zwischen die Hörner gekriegt hätte und dass die Medien, das war ja damals noch ein bisschen anders, mir mehr Aufmerksamkeit geschenkt hätten. Denn hier konnte ich relativ viel machen, war immer allein, nie so in der Truppe. Ich hab' meine Sachen meistens allein gemacht, hatte meine

Ruhe, und eigentlich hat's an nichts gefehlt. Wenn man so will, war ich ja nicht eingesperrt. Hier warst du was ganz Besonderes.

Und im Westen vielleicht nur Einer unter Vielen.

Ich weiß es nicht. Die Frage ist nicht zu beantworten, logischerweise.

Über den DFB-Klub der ehemaligen Nationalspieler hatten und haben Sie auch regelmäßig Kontakt zu westdeutschen Nationalspielern. Drängt sich Ihnen da nicht doch manchmal die Frage auf und denken Sie niemals darüber nach, was wäre gewesen, wenn Sie in der bundesdeutschen Nationalmannschaft gespielt hätten und nicht in der ostdeutschen?

Unmittelbar nach der Wende hatte ich zu vielen ehemaligen Spielern engen Kontakt, ich habe ja auch als Präsident die Transfers alleine gemacht. Ich war dann Präsident und die anderen hatten einen älteren Präsidenten, der vielleicht 70 war. Ich habe beides zusammen gemacht, und die waren dann Manager, ob das nun Bernd Hölzenbein war oder wie sie alle hießen. Dann habe ich sehr engen Kontakt zu Dieter Burdenski und Rolf Rüssmann gehabt. Rolli hat mir sehr geholfen, immer auf Augenhöhe, sehr vernünftig, und ich hab' das genossen. Und die haben mit mir über alle Dinge gesprochen. Ich hab' von denen auch erfahren, wie das bei denen so hinter den Kulissen war, und Dieter Burdenski hat mir die ganze Geschichte erzählt, wie sie das Spiel manipuliert haben. Inzwischen kann man ja darüber reden. Er ist ja dann weggegangen aus' m Ruhrpott nach Bremen. Das ging ja auch schon ganz schön hart her und zu. Ich weiß nicht,

wie das bei mir ausgegangen wäre, ich weiß es nicht.

Das heißt, es war ganz gut, dass Sie nach der WM 1974 den Geldkoffer von Fortuna Düsseldorf nicht genommen haben, sondern im Osten geblieben sind?

Der hat mich zwar für verrückt erklärt, aber gut. (schmunzelt)

Was ist da noch mal genau passiert?

In der Vorrunde stand ich plötzlich in der Weltauswahl. Das war ja für jemanden, der aus'm Osten kommt, nun nicht so selbstverständlich.

Noch mal zur Erklärung, bei Weltmeisterschaften werden also die Spieler aller Beteiligten bewertet. Das war schon nach der Vorrunde?

Ja, nach der Vorrunde.

Da wurde also der Gerd Kische aus der DDR...

Ja, da stand ich also in der sogenannten Weltauswahl. Wir wollen das nicht so hoch hängen, aber es ist so gewesen. Und dann hab' ich ein Interview mit einem Belgier geführt, das war angemeldet, das durfte ich auch. Und dann war das Interview zu Ende, und dann hat sich da einer rangeschlichen, in einer Gaststätte. Und da hat er gefragt: „Können wir mal reden?" Und dann hat er gesagt: „Wir holen die Frau nach, wir machen den Vertrag, und mit dem einen Jahr Sperre, das machen wir so und so, und ich hab' schon mal was mitgebracht hier." Und dann hat er einen Koffer aufgemacht: 200 000!

West-Mark! Wenn also Gerd Kische sagt, ich bleibe da...

Ja, nach dem Motto, ich komm' jetzt mit, alles andere wird geregelt... Ich weiß nicht, wie der hätte meine Frau rüberholen wollen. Wenn ich an dem Tag noch abgehauen wäre, hätten sie die in Quarantäne genommen, das war Blödsinn alles! Aber das Geld war da, und ich hab' gesagt: „Nein!" Und dann hat er zu mir gesagt: „Sag' mal, bist Du bekloppt?!"

Haben Sie den für seriös gehalten?

Ja. Er war ja noch mal da. Er hat dann noch einen anderen mitgebracht.

Wir halten noch mal fest, es war nicht nur der eine Versuch, sondern es folgte noch ein zweiter?

Genau, noch ein zweiter. Und dann erfolgte noch ein dritter.

Alles innerhalb der WM?

Alles innerhalb der WM. Das war nachher in Ratingen, als wir dann in der zweiten Runde waren. In Ratingen haben sie mich richtig bombardiert. Das war insofern gut, da waren wir täglich auf Achse. Über den Hintereingang unseres Hotels konnten wir in ein Rundfunkgeschäft gehen. Der hatte die Tür immer auf und am Abend für uns immer alles bereitgestellt. Da hab' ich auch die ganzen Rundfunkgeräte gekauft oder geschenkt bekommen. Ich hab' mich mit der Frau ein bisschen angefreundet, die war ganz nett. Da waren wir abends immer unter uns. Und der Polizist, der vor der Tür stand, dem haben wir dann manchmal was geschenkt oder die Mütze weggenommen... (Lachen in der Runde) Und da gibt's 'n Bild, wie Sparwasser mit dem Colt rumhantiert.... Das ist kein Quatsch! Das ist tatsächlich so gewesen. (lacht)

Das heißt, Sie haben nicht nur Bier getrunken in der Freizeit? Ich muss mir also Gerd Kische vorstellen, wie er in diesem Rundfunkgeschäft gesessen und sich dann abends über Gott und die Welt ausgetauscht hat?

Ja, wir waren da ein paar Spieler. Einige haben's auch nicht gemacht, die hatten Angst. Wir haben da gesessen, ich war auch bei denen zu Hause. Ich war mit dem Mädel auf der „Kö", die wollte mir die „Kö" zeigen, und ich bin mitgefahren. Nach dem letzten Spiel gegen Argentinien hatten wir ja noch anderthalb Tage Zeit, ich war dann gar nicht mehr zu Hause. Da hat kein Hahn danach gekräht. Ich war nicht im Hotel, hab' bei denen gepennt. Na klar ist das frech oder vielleicht auch naiv oder dumm. Aber ich wollte das doch einfach genießen.

Wie hat Ihnen das Bier geschmeckt?

Ich trink' wenig Bier, fast gar keins. Dann trink' ich lieber einen Whisky oder was anderes.

Also hatten Sie das Geld ausgeschlagen und saßen dann irgendwann wieder im Flieger nach Hause?

Ich weiß es noch genau. Anderthalb Tage nach dem letzten Spiel mussten wir um 12 alle am Bus sein. Aber vorher hatten wir unsere ganzen Geschenke eingepackt, weil extra zwei LKW runtergekommen sind, von uns, die das dann alles eingeladen haben, eine Sauna zum Beispiel, alles, was wir gekauft und geschenkt bekommen haben. Das haben die uns dann alles nach Berlin geschafft, dort standen unsere Namen überall dran. Dann haben die Kraftfahrer, die uns abgeholt haben, schon alles eingeladen, und wir haben da unsere Prämien abgeholt, sind morgens bei Schalck eingeladen gewesen, haben noch ein bisschen eingekauft, und dann ging's wieder nach Hause. In den anderthalb Tagen hat keiner gefragt, wo wer ist.

Sie waren ja dann wieder da.

Ja. Es ist aber auch wirklich nur bei den Fußballern so. Die anderen Sportler tun mir richtig leid. Die durften das alles nicht.

Oder weiß man das einfach nicht? Oder erzählen sie nicht darüber?

Wenn ich daran denke, für was Wolfgang Böhme[6] bestraft wurde, da wär' ich ja bei Hansa oder in der Nationalmannschaft schon am ersten Tag rausgeflogen, für Peanuts!

Aber womit hängt das zusammen? *Weil man in diesem Spektrum des DDR-Sports den Fußballern nicht so viel zugetraut hat, weil sie nicht so wichtig waren wie vielleicht ein Böhme im Handball oder die Leichtathleten, die ja Produzenten von massenhaft Goldmedaillen sein sollten?*

Ich kann das nicht erklären. Ich weiß nur, dass im Fußballstadion auch mal was gerufen werden durfte, zu Ostzeiten, für das du bei der Parteiversammlung rausgeflogen wärst. Das war so ein Ventil, vielleicht hat man das auch ganz bewusst so gemacht, ich glaube das einfach. Wo willst du das machen?! In der Halle kannst du auch nicht so schreien, da hört auch jeder alles. Es ist, als ob das ganz bewusst so gesteuert wurde.

Ich glaube, der Fußball war innenpolitisch enorm wichtig, das andere war außenpolitisch, die ganzen Medaillen und so weiter...

So sehe ich das auch.

Es gab ja die Zuschauer, die Fans in der DDR, aber ich glaube, da war doch eine Diskrepanz, dass man Westvereine anhimmelte, dass man sagte, ich bin Bayern-Fan oder für den HSV und was es alles gab, und auf der anderen Seite gab es den Klub in der DDR, für den man auch irgendwo brannte. Und es gab die DDR-Nationalmannschaft.

Das hat mich maßlos angekotzt. Zu Hause in den Vereinen waren die besseren Spieler oder die Nationalspieler hoch angesehen. Da wurde gejubelt. Hast du in der Nationalmannschaft gespielt, haben sie dich streckenweise ausgepfiffen. Die Nationalmannschaft war nicht gern gesehen.

Hat man Sie als „Staatsfußballer" angesehen?

Wenn ich Donnerstag früh zur Uni gegangen bin und Mittwoch noch das Länderspiel hatte und zurückgefahren bin, das war etwas, was ich generell gemacht habe, und morgens dann da war, das war für mich sehr gut. Und dann haben mir auch alle geholfen und gesehen, dass du dich auch engagiert hast. Da haben die Professoren dann auch nichts gesagt. Und dann haben die aber über das Spiel der Westdeutschen gesprochen, über unser nicht oder nur ganz wenig. Dann schrien die Kinder die Namen der Spieler aus der Bundesrepublik, wie waren die toll! Das war dann etwas, damit haben die sich nicht identifiziert. Das war dann der glorreiche Westen und der blöde Osten. Das war dann wieder politisch.

Das betraf aber nur die Nationalmannschaft oder war das auch bei den Klubmannschaften ein Problem? Oder gab es da eine Verbundenheit mit den Fans?

Da war eine Verbundenheit da. Ob das nun Dynamo Dresden war oder Lok Leipzig oder bei uns, das spielte keine Rolle. Das war nur die Nationalmannschaft. Das ist das, was mich maßlos geärgert hat.

Also, halten wir fest: Die Nationalmannschaft der DDR, die Fußballfans und die Klubmannschaften in der DDR, das waren ja schon sehr verschiedene Dinge. Ich weiß noch, wenn die Kinder sich so Namen gegeben haben bei uns in der Straße beim Fußballspielen, das waren Namen von Bayern, von den Hamburgern, da spielte eigentlich die heimische Fußballkulisse keine Rolle.

Ja, leider war das so. Allerdings würde ich immer die eine Einschränkung machen wollen: In den Städten, wo starke Klubmannschaften waren, da warst du schon 'ne Nummer. Aber in der Nationalmannschaft wurdest du sogar ausgepfiffen, und speziell ich, weil Georg Buschner sich damals das Recht rausgenommen hat, einen Spieler, der in der zweiten Liga gespielt hat, was eigentlich ein völliges Tabu war, dann in der Nationalmannschaft spielen zu lassen. Damit musste und konnte ich auch gut leben. Das war nicht das Problem. Aber dass wir generell als Nationalmannschaft der DDR so oft ausgepfiffen wurden, aus den unterschiedlichsten Gründen, das hat manchmal richtig wehgetan.

Meist waren es doch politische Gründe?

Na, das sind ganz sicherlich politische Gründe gewesen. Und wenn dann da bestimmte Leute auf der Tribüne saßen, dann wusste man schon, in welche Richtung das gehen sollte.

Schließlich war ja die Mannschaft schon so ein bisschen der Kader, der die DDR repräsentieren sollte.

Dieser Diplomat im Trainingsanzug, das Bild kreiste ja immer über uns. Wir konnten den blauen Trainingsanzug mit diesem riesengroßen DDR-Schriftzug schon kaum mehr sehen.

Tatsächlich?

Nicht, dass ich gegen die DDR war, das wäre ja auch Blödsinn. Aber dass du für etwas beschuldigt wurdest oder hinhalten musstest oder Ventil sein solltest für Dinge, für die du gar nicht kannst, das war schon gewöhnungsbedürftig.

Ich sag' mal so, „Blöder Honecker!" konnten sie nicht rufen im Stadion...

... Da haben sie eben „Blöder Kische!" gerufen. (Lachen in der Runde)

Ja, aber es ist bitter, weil Sie ja auch international eine gute Leistung gezeigt haben. Und sich dann so was anzuhören...

Dazu kam natürlich, dass es auf die „Stasi-Mannschaft von Mielke", so wie man sie bezeichnet hat, BFC Dynamo, eine riesengroße Wut gab. Dann kamen die Polizeimannschaften dazu. Dynamo Dresden, zu Hause waren sie 'ne Macht und wurden auch bejubelt, aber auswärts kam dann das eine oder andere. Das waren vielfältige Dinge, die da reinspielten.

Kommen wir noch einmal zurück zum deutsch- deutschen Spiel aller Spiele damals 1974 in Hamburg. 1:0 für die kleine DDR gegen die große BRD, wie es nicht wenige damals sahen. Alle kennen es, haben es hundertmal gesehen, das Tor von Jürgen Sparwasser. Wie haben Sie das damals im Stadion empfunden? War da auch diese Problematik: Wir sind die DDR-Nationalmannschaft, das ist die bundesdeutsche, dieses Kräftemessen? Oder war es wirklich reiner Fußball? Wie würden Sie das heute sehen?

Da spielten mehrere Aspekte eine Rolle. Ich versuch', das mal aufzurollen. Das erste, was uns unheimlich angestunken hat, war die Schlagzeile in der „BILD": „Warum wir heute gewinnen." Da haben sie die Bundesdeutschen, also die Westgermanen, alle auf den Positionen verglichen mit den Ostgermanen. Und alle waren blind auf unserer Seite. Das hat einen natürlich schon verärgert und angestachelt. Das war das eine. Das zweite war, wir waren schon qualifiziert. Und dadurch warst du eine Runde weiter und warst ganz stolz. Das hatten die meisten ja gar nicht erwartet. Und wir haben im Bus vor dem Spiel gegen die Bundesrepublik, die haushoch überlegen sein sollte, gesungen und gejubelt. Das war ganz, ganz locker.

Sie haben mal gesagt, Sie haben das davor und danach niemals wieder erlebt, dass im Bus der DDR-Nationalmannschaft gesungen wurde.

Stimmt.

Was haben Sie damals vor dem Spiel in Hamburg gesungen?

Das kann ich nicht mehr sagen. Es war eine unglaublich ausgelassene Stimmung. Selbst bei diesen „Lattenhorchern", die immer dabei waren...

Im Bus auch?

Auch im Bus, die waren überall dabei.

Waren das Volkslieder oder so Sachen wie „Zieht den Bayern die Lederhosen aus"?

Wahrscheinlich waren das Fußballlieder, die man sonst auch gesungen hat. Ich weiß es nicht mehr. Jedenfalls war es 'ne ausgelassene Stimmung. Und dann kommst du ins Stadion, wo dann eine Handvoll erlesener DDR-Leute auch noch sitzen und jubeln. Und dann kommen dir diese „Fuzzis" entgegen, entschuldigen Sie bitte, diese überheblichen Jungs von der anderen Seite. Die sagten nicht „Guten Tag!", bis auf wenige Ausnahmen. Das war unglaublich. Der Einzige, der vor 'm Spiel höflich war, das war Helmut Schön. Die Anderen waren erst nach dem Spiel alle höflich, da kannten sie uns dann.

Helmut Schön ist ja auch ein Ostdeutscher.

Ja, ein Dresdner. Der hat sich mit Buschner und auch mit uns unterhalten und ist in die Kabine gekommen, auch nach dem Spiel. Und nach dem Spiel waren auch mehrere westdeutsche Spieler in der Kabine. Neben mir saß auch einer, da komme ich aber noch mal drauf zurück. Und diese drei, vier Dinge, die dann von jedem sicherlich unterschiedlich interpretiert und aufgenommen wurden, das hat einen so angestachelt. Dann hast du einfach mal gemerkt, die spielen auch keinen anderen Fußball. Und dann kam auch ein Quäntchen Glück dazu, wenn der Gerd Müller den Ball nicht gegen den Pfosten schießt, sondern der reingeht. Du weißt nicht, wie's ausgeht dann am Ende. Aber so haben wir uns immer gesteigert, und wir haben ja nicht durch Glück gewonnen. Also sicherlich wäre möglicherweise auch ein Unentschieden gerecht gewesen. Da wären auch alle zufrieden gewesen. Aber das sind so, aus meiner Sicht, sicherlich sehr subjektiv gefärbt, die Hintergründe.

Die kochen also auch nur mit Wasser, fußballerisch, nur, dass Sie die goldenen Tauchsieder nicht hatten, die hatten die anderen. (Lachen in der Runde)

Von mir aus.

Und es waren ja doch, ich will nicht sagen Fußball-Millionäre, einige vielleicht auch, aber da waren schon ganz andere Gelder, ganz andere Dinge im Umlauf, das muss man auch sehen. Denkt man dann auch darüber mal nach und sagt: „Hallo, was unterscheidet uns hier?"

Also, Beckenbauer hat nach dem Spiel zu mir gesagt: „So ein Mist! Das sind mindestens 50 000 Mark, die mir jetzt an Werbegeldern verloren gehen!" So sein Kommentar.

Nein? (Lachen in der Runde) In der Presse hat er gesagt: „Das Spiel ging mir eigentlich am Arsch vorbei, denn wir waren ja weiter."

Ja, ja. Franz sagt ja auch, wie Adenauer: „Was stört mich das Geschwätz von gestern!" Bei Franz weißt du nie so recht. Ich weiß nur, was er mir gesagt hat. Und um noch mal darauf zurückzukommen: Für unsere Verhältnisse haben wir da sehr, sehr, sehr viel Geld verdient. Heute darf ich es sagen, damals war es ein Tabu: Wir haben allein für diese weitere Runde ungefähr 6000 West-Mark bekommen und 10 bis 50 000 Ost-Mark, das weiß ich nicht mehr ganz genau. Damals, 1974, waren es 6000, am Ende haben wir, insgesamt in der zweiten Runde, glaube ich, 10, 12 oder 15 000 West-Mark gehabt. Das war schon für unsere Verhältnisse sehr viel.

Aber es war aus heutiger Sicht für Sie nicht das Wichtigste?

Nö. Also, das war eine so schöne Zeit, man hat so viel erleben dürfen. Wir hatten so viel Freiheit, wir konnten überall hin.

Was heißt „so viel Freiheit"? Sie haben doch gesagt, die von „Horch und Guck"[7] waren immer dabei?

Na ja, „gewusst wie!" Zum Beispiel in Quickborn war's nicht anders. Da sind wir auch durch den Hintereingang durch einen Park gegangen und haben dann abends mit vielen Quickbornern zusammengesessen. Uns hat ja nie einer was getan. Die waren nur neugierig.

Die aus der Zone...

Genau, die aus der Zone, ob die auch deutsch sprechen oder russisch. (lacht)

Ich will jetzt keinen großen Sprung machen, nur möchte ich einfach mal den Satz anschließen: Was Sie dort erlebt haben, das ist ja eine Vorwegnahme der Dinge, die 'ne ganze Ecke später dann wirklich stattfanden. Dass Leute kamen und uns anguckten: „Ach, Ihr redet auch deutsch?" Das haben wir ja dann in der Wendezeit erlebt.

Ja, ja. Das habe ich ein paar Jahre vorher gehabt oder wir. Ja, du hast die manchmal angeschaut und dachtest: Was reden die eigentlich?! Die haben sich nie mit uns beschäftigt. Die haben sich gefragt, was wollen wir da?!

Sie haben das ja mal als ganz junger Spieler erlebt, als Sie mit einem DDR-Trikot in Österreich in ein Geschäft gekommen sind...

Ja, in Österreich, als ich nach diesen Verstärkern gefragt habe.

Das wollten Sie noch mal erzählen.

Es war zu Ostern. Jetzt muss ich ganz scharf nachdenken.

War das im Umkreis von dem Juniorenturnier in Schottland?

Ja. Das war in Vorbereitung des Junioren-UEFA-Turniers in Schottland. Da mussten wir ein Ausscheidungsspiel gegen die Österreicher absolvieren. Und das war Ostern 1970. Jetzt könnte man ausrechnen, wie viele Jahre das her ist. Ich war noch mal kurz zu Hause, habe mit meinen Eltern gesprochen, und mein Vater bat mich dann, wenn es irgendwie geht, so einen kleinen Chip mitzubringen. Wie nannte man das?

Einen Adapter?

Ein Teil, um einen Konverter oder so'n Verstärker herzustellen.

Um irgendwas zusammenzustecken, für eine Antennen-Anlage? Heißt das Konverter, Adapter?

Es gab so kleine... Wie nennt man denn das?

Kondensatoren?

Ja, Kondensatoren. So ein Kondensator, das werde ich nie vergessen. Das war der Typ AF 139 oder AF 239. Niemals werde ich das in meinem Leben vergessen. Und mein Vater bat mich darum. Und das hatte ich mir eingehämmert und eingeprägt, weil ich meinen Eltern gerne auch mal einen Wunsch erfüllen wollte.

Na ja. Gesagt, getan. Wir kamen dort an. Und kurz vor 'm Abendbrotessen, ich zog mir gerade noch mal meinen Trainingsanzug an, mit dem stolzen DDR-Abzeichen, ging ich noch mal raus. Und wie das so sein sollte, vielleicht hundert Meter um die Ecke, war da so ein... ich hätte jetzt beinahe RFT[8]-Laden gesagt. (Lachen in der Runde)

Ich hab's eben gedacht...

Es war so ein Elektronikgeschäft. Und ich bin da reingegangen, da kam eine Frau, und die guckte mich an, ich hab' gedacht, hinter mir ist noch einer, als wär' ich vom Mond gekommen. Und da hat sie gefragt, wo ich denn herkomm'.

„Na, aus der DDR!" „Aus der Zone? Was machst Du denn hier?" Und ich: „Na, ich spiele Fußball. Wir sind in dem Hotel." Ich hab' alles erzählt, ich Idiot! Na, jedenfalls kam ich irgendwann auch zu Wort, die hatte tausend Fragen. (lacht) Und dann habe ich ihr gesagt, dass ich diesen Kondensator haben möchte, weil meine Eltern Westfernsehen sehen wollen. Mein Vater und ein Freund von ihm, die haben immer alles zusammengebastelt und haben dann so eine Antenne gehabt, die sich drehen konnte. Ich kenne das alles nur so vom Hörensagen. Und jedenfalls fehlte dieses Bauteilchen, um das ordentlich herzustellen. Und dann hat die mich erst mal angeguckt: „Das haben wir schon Jahrhunderte nicht mehr." Die hatten das alles in einem kompletten Satz, der war so und so groß. Dann habe ich gefragt, was dieser Satz da kostet. Ich weiß es nicht mehr, aber dafür war mein Portemonnaie viel zu schmal. Dann hab' ich mich bedankt und noch gesagt: „Na, vielleicht können Sie noch mal in die Kramkiste gucken?" Wieder typisch Ossi! (lacht)

Gut, also Sie haben gefragt, wenn da noch was ungenutzt ist...

Ja, ich würde dann noch mal kommen. Und da haben die mir gleich gesagt, das geht nicht. Wir haben hier auch keine Kisten. Na gut. (lacht)

Aber, ich glaube, vorher war sie auch mächtig erstaunt, dass Sie nicht russisch gesprochen haben?

Ja, ja. Die hat gefragt, ob das stimmt, dass wir alle russisch sprechen und ob wir genug zu essen haben und ob das stimmt, dass wir kein Obst haben und so weiter. Ich bin darauf auch nicht eingegangen. Natürlich wusste ich, dass bestimmte Dinge Mangelware waren und dass wir als Sportler... Was hätte ich ihr nun sagen sollen? Dass es da mehrere Gruppierungen in der DDR gab? Die einen so und die anderen so? Also habe ich es sein lassen. Aber jedenfalls am nächsten Morgen zum Frühstück, ich komme eine große, breite Treppe runter, da schreit eine Frau von unten: „Das isser! Der, der, das isser!" Sie können sich vorstellen, ich wär' am liebsten versackt. (Lachen in der Runde) Und die Trainer standen auch schon alle unten, und wir hatten ja da auch schon welche mit von „Horch und Guck". „Ach Du Scheiße!" hab' ich nur gedacht. Was das wohl wird! Jedenfalls haben die mich dann umarmt und haben Bananen überreicht, drei Pakete. (Lachen in der Runde) Der Mann war mit, die beiden haben alles hingestellt, Ostereier, Süßigkeiten, ich weiß nicht, wo die das alles herhatten und haben gesagt: „Junge!" und haben mir zwei solche kompletten Dinger gegeben. Alle haben natürlich gefragt: „Sag mal, sind das Verwandte? Du hast doch gesagt, Du hast keine Westverwandten? (lacht) Heute kann ich darüber lachen. Können Sie sich das vorstellen? Dann haben die noch gesagt: „Damit Ihr auch richtig Westfernsehen gucken könnt!" (herzhaftes Lachen in der Runde) Es wurde sogar angenommen durch unsere Führung. Und ich habe gedacht, das wäre die letzte Reise. Also, meine Gedanken waren dann, was machst du jetzt bloß? Ich mach's kurz: Es ist nie was nachgekommen, nicht mal in meiner Stasi-Akte stand das.

Haben die nicht gefragt: Wie kommst Du zu so was?

Die haben wahrscheinlich aus Selbstschutz nicht gefragt, nach dem Motto: Das waren irgendwelche Leute, die uns was Gutes tun wollten. Sie haben auch über diesen Konverter, wie auch immer man das bezeichnen wollte, nicht gesprochen. Das wurde in die Obstschale gelegt, und dann war es gut.

Wahrscheinlich haben die Ihnen das als Jungenstreich ausgelegt, dass man da nicht nachgefragt hat.

Ich war nicht böse drüber.

Und es hätte ja auch viel Schriftverkehr gegeben. Das wollten sie vielleicht auch nicht.

Ich hab' das durch andere dann mal erfahren und auch lesen dürfen. Solche Dinge hat man ja genutzt, um dich zu erpressen. Du darfst weiter ins Ausland fahren, aber jetzt mach' mal schön Berichte für uns, von der Staatssicherheit. So was haben die dann gerne gemacht, was mir andere auch wirklich erzählt haben. Nein, es ist nichts nachgekommen, aber an dem Tag, da habe ich, glaube ich, gar nichts gegessen am Frühstückstisch. (Schmunzeln in der Runde)

Kann ich mal wieder ein bisschen springen, weil wir gerade darüber sprachen. Können Sie sich noch an Ihren ersten Kontakt mit „Horch und Guck" erinnern? Wie war das erste Mal, als Sie mit Leuten zu tun hatten, die das dann auch sehr offen gesagt haben? Ich habe das natürlich auch erlebt, als gelernter DDR-Bürger, als ich dann beim Radio gearbeitet habe. Logisch, dass die irgendwann kamen. Kennen Sie noch Ihren ersten Kontakt?

Ja, den kenn' ich noch. Das weiß ich wie heute. Da stand einer mit 'nem Ledermantel am Trainingsrand, und unser Parteisekretär sagte: „Der will sich mit Dir unterhalten nach dem Training." Bei Hansa Rostock war das, Ende 1970. Und der hat mir dann erzählt, was ich doch für'n lieber Kerl bin und dass ich dem Arbeiter- und Bauernstaat und der Partei und allen so dankbar sein müsste. Ich bin doch schon so viel im Ausland gewesen, und ich genieße das Leben hier und so weiter. Und wir möchten doch, dass das so bleibt. Und es gibt ja immer solche Leute, die alles schlecht reden, und da brauchen wir solche lieben, netten Menschen wie Dich, die uns dann mal was erzählen. Da hab' ich gesagt: „Ich hab' nicht so richtig verstanden, was Sie von mir wollen." Natürlich hab' ich's verstanden. „Ja, das machen wir dann mal richtig zu einem bestimmten Termin", den er mir dann genannt hat. Und ich bin da nicht hingegangen. Dann kam der Parteisekretär, und der andere kam mit'm Wartburg vorgefahren. Und dann sollte ich mal ein paar Minuten, zwischen zwei Trainingseinheiten, zu ihm kommen. Dann hat er mir das noch mal alles erzählt und mir so ein Schriftstück hingelegt, das ich nicht unterschrieben habe. Ich hab' dann zu ihm gesagt: „Pass auf, mein lieber Freund! Wenn ich was zu sagen habe, dann sag' ich's in der Parteiversammlung. Ich bin doch schließlich Genosse. Und da darf man doch alles sagen." Das waren aber nicht meine Worte, die hatte ich von meinem väterlichen Freund, dem ich das erzählt habe, dass die mich mit dem Scheiß in Ruhe lassen sollen. Der war damals der zweite Sekretär der Bezirksleitung. Da sagte er: „Pass auf, mach' das mal so und so, ich kümmer' mich drum!"

Also, halten wir noch mal fest. Ein führender Genosse hat Ihnen einen Rat gegeben...

... wie ich mit den Jungs umgehen muss.

... von Feliks Dzierzynski[9] (Lachen in der Runde)

Ja, ja. Da wär' ich wahrscheinlich auch reingeplumpst. Am Anfang war ich ja der Liebe und Nette. Als sie das nicht geschafft haben, mich zu gewinnen, war ich der größte Schwerverbrecher. In meiner Stasi-Akte steht das alles drin. Das haben sie mir nachher dann auch gezeigt, wie stark sie in der DDR waren. Mit meinem Rausschmiss haben die natürlich zu tun gehabt.

Tut das dann nicht doppelt weh, wenn es auch immer mal diese Stasi-Gerüchte um Gerd Kische gab?

Da ich immer ein recht großes Mundwerk hatte oder habe, ganz egal, wie man das sehen will...

Ich denke, immer noch, aber im Positiven! (Lachen in der Runde)

Das ist einfach mein Naturell. Ich mach' das, was ich für richtig halte. Und wenn ich glaube, dass es richtig ist, dann mach' ich's oder es beweist mir jemand, dass ich falsch liege. Dann ist das auch okay. Aber bei diesen Leuten wusste ich, dass das nicht gesund sein konnte. Weil ich mehrfach gehört und anhand von Erzählungen gewusst habe, wie das da so läuft, hab' ich prinzipiell was dagegen gehabt. Das hat sich ja auch alles bewahrheitet. Allerdings, muss ich auch wieder sagen, wenn ich nicht diesen väterlichen Freund gehabt hätte, vielleicht wär's auch ein bisschen anders gewesen. Aber, um die Frage zu beantworten: Natürlich, das hat sehr, sehr wehgetan. Wenn du im Stadion sitzt und für deinen Verein, für den du gespielt hast und bei dem alle noch in Lobeshymnen ausgebrochen sind, Entscheidungen treffen musst. Und wenn die, die diese Entscheidungen damals nicht verstanden haben oder ich sie nicht richtig rübergebracht habe, man kann das auch so sehen, wenn die dich dann noch zum Stasi-Spitzel machen oder was auch immer.

Und das in Sprechchören vom Publikum? In welcher Situation wurde das konkret gerufen?

Das war nach der Wende, und zwar, als wir Bundesliga gespielt haben, im Stadion.

Es war ja auch ein Totschlag-Argument.

Es wussten natürlich auch einige, die das dann rausgebracht haben, dass ich mit dem einen oder anderen eng befreundet war, das ist ja ganz klar. Und dann haben sie auch möglicherweise keine Ehrenkarte mehr gehabt, wie zu Ostzeiten, weil das nicht ging. Sie kamen ja dann serienweise zu mir, als ich Präsident war, „Ich bin doch der und der..." Da kann gleich ganz Rostock kommen, da nehmen wir ja nichts ein. Das ging einfach nicht. Und einige haben das dann auch bewusst verbreitet. Das, was mich am meisten gekränkt hat, ist die Tatsache, dass sie früher alle gebrüllt haben: „Ach, wenn wir doch mal andere Zeitungen lesen könnten und nicht immer nur das Neue Deutschland, und wenn wir doch unsere eigene Meinung äußern könnten, das wäre doch schön!" Jetzt haben sie ein Buch gehabt, das heißt „24 Stunden Klassenkampf", da hat einer über die ganze Stasi-Geschichte unserer DDR-Fußballnationalmannschaft geschrieben. Da stand ich zum Beispiel als ein Paradebeispiel drin, wie man das auch machen konnte. Also, ganz im Gegensatz zu dem, was sie geschrien haben. Das haben sie nicht gelesen. Da haben sie vorverurteilt. Natürlich tut das weh. Aber dann muss man auch wieder sagen, wenn du deine Finger hebst und sagst, ich will hier Präsident eines Bundesligavereins sein, dann musst du auch das über dich ergehen lassen. Das gehört dann auch dazu.

Das war die Hochzeit damals, als es die Auseinandersetzung mit dem Trainer Uwe Reinders gegeben hat. Da haben Reinders, die Fans und die Boulevardpresse gegen Sie geschossen, unter anderem mit einer möglichen Mitgliedschaft von Ihnen bei der Staatssicherheit. Das ging ja so weit, dass man auch immer davon ausging, es seien alte Seilschaften am Werk. So wurden ja Probleme verdeckt mit diesen Totschlag-Argumenten.

Gut. Ich hab' da ein ganz, ganz reines Gewissen. Das hat sich ja dann auch alles bestätigt. Es gibt mehrere Schriftstücke und auch mehrere Bücher darüber. Also, ich hab' sogar etwas zugeschickt bekommen von einem holländischen Journalisten, der sich auch damit beschäftigt und das alles aufgeschrieben hat, im Gegensatz zu anderen. Ich habe dazu mal einen Einwurf. Ich habe gestern mit Conny Weise[10] und vorgestern mit Lothar Kurbjuweit aus unterschiedlichen Gründen gesprochen. Das sind ehemalige Kollegen von mir, auch Nationalspieler. Mit Conny Weise hab' ich schon 1970 zusammengespielt. Es ging um eine völlig andere Geschichte, aber da kamen wir auch darauf, dass zum Beispiel Harald Irmscher und so einige, von denen man das nicht glauben wollte, auch für „Horch und Guck" gearbeitet haben. Nun waren wir uns, selbst Lothar und Conny, auch einig, dass die uns nachweislich nichts getan haben. Es ist nicht schön, und bei Harald hätten wir uns das gar nicht vorstellen können, aber es ist so. Es ist viele Jahre her. Schwamm drüber! Aber um noch mal auf die Ausgangsfrage zurückzukommen: Wenn du so im Stadion sitzt und willst das Beste für deinen Verein und weißt ganz genau, den einen oder anderen Spieler musst du ersetzen und den Trainer musst du rauswerfen, der schadet hier. Auch wenn die Öffentlichkeit das nicht begreifen kann – ich hatte damals auch bei den Journalisten keine Chance. Der Reinders, der aus dem Westen kam, der hat ihnen immer was gesteckt. Dafür bin ich dagegen ja Präsident, um alles zusammenzuhalten und um nichts nach außen dringen zu lassen. Ob wir da zahlen können oder nicht oder was weiß ich, was es in den Anfangsjahren alles für Schwierigkeiten gab. Damit musste ich eben leben, dass ich beschimpft wurde.

Inwiefern hat Ihnen das körperlich zugesetzt? Wir wissen ja, dass es in der Zeit durchaus auch körperliche, krankheitsbedingte Probleme bei Ihnen gab?

Ich bin ein Mal vor meiner Bürotür zusammengebrochen. Da hatte ich das Gefühl, als wenn ich einen Strick um den Hals hätte. Und dann gingen mir meine Kinder noch mal durch den Kopf und ich dachte: Ach herrje, das war's vielleicht! Dann bin ich in die Klinik gefahren. Nachdem ich zehn Minuten wie so ein Penner vor der Tür gesessen hab', bin ich zu unserem damaligen Mannschaftsarzt reingegangen, und dann haben die alle möglichen Untersuchungen gemacht, Herzkatheder und so weiter. Aber die haben nichts weiter festgestellt. Von dem Tag an habe ich gesagt: „So, Ruhe!" Deswegen habe ich auch gesagt: „Ich würde gerne helfen, aber es muss einer an die Spitze, der mir einen Teil Arbeit abnimmt." Denn nicht nur ich habe Reinders entlassen, das waren ja schließlich drei. Aber die haben sich dann alle verdünnisiert. Eigentlich war das immer nur ich. Ich war Pressesprecher, ich war Manager, ich war Präsident. Jetzt könnte man sagen: Du hast das ja auch alles an dich gerissen. Ja, gut!

Haben Sie das an sich gerissen? Ich könnte mir vorstellen, dass Sie vom Charakter her jemand sind, der sagt, das kann ich am Ende wahrscheinlich doch am besten und ich kümmer' mich jetzt selbst darum. Das ist ja die Gefahr, die besteht. Das geht vielen Menschen so.

Sicherlich hab' ich mich auch überschätzt, mag ja sein. Nur, wenn du solche Schlafwagen neben dir hast, und diese Entscheidung, dazu musst du stehen. Wenn du davon überzeugt bist, musst du dazu stehen. Ich nenne ein Beispiel: Ich wusste, dass wir uns im Mittelfeld verstärken müssen. Ich hatte die Möglichkeit, dann mit Beinlich und Breitkreutz zu sprechen, bin mit dem Manager in Kontakt getreten, den sie damals hatten und nach England rübergeflogen. Ich hab' mir dort zwei Spiele angeschaut, bin zurückgeflogen und hab' gesagt: „So Jungs! Wer kommt mit mir rüber? Wir machen das alles schon. Ich glaube, ich kriege den Präsidenten dahin. Ich hab' mit ihm schon über das Geld gesprochen." Alle haben sie nach unten geguckt. „Das haben wir noch nie gemacht. Mach' Du das mal!" Und so war es mit den meisten Dingen. Wenn's dann schiefgegangen ist, war's nur einer, wenn's gutgegangen ist, waren's alle. Wie das Leben nun mal spielt. Und nach diesem Vorfall habe ich dann gesagt: „Ich mach' gerne weiter, aber nicht mehr alles. Wir brauchen jetzt einen starken Präsidenten, und ich mach' Euch von mir aus den Manager. Und ob Ihr alle da bleibt, das ist mir egal.

Und nun suchen wir mal einen."

Auf die Präsidentschaft von Peter-Michael Diestel und Ihre Manager-Tätigkeit gehen wir später nochmal ein. Kommen wir jetzt noch einmal zurück auf die Fußball-WM 1974. Welche westdeutschen Spieler waren nach dem Spiel in Ihrer Kabine?

Also, ich sagte ja schon, dass der Trainer Helmut Schön da war. Der Vogts war drin und Paul Breitner, und es kam für ein paar Minuten, als ich vorn stand, Beckenbauer rein.

Sind das im Nachhinein dann auch Leute, wir sprechen jetzt über die lange Zeit nach 1990, die Sie wahrscheinlich auch im Club der Nationalspieler [11] immer wieder gesehen haben? Ich könnte mir vorstellen, dass Sie mit Typen wie einem Paul Breitner auch nach der Wende interessante Gespräche geführt haben. (Kische schmunzelt) Sind das Leute, wo Sie sagen, mit denen hat man sich auch neben dem Fußball gerne unterhalten? Und können Sie sich da an Begegnungen erinnern?

Paul Breitner, das ist so ein Unikum. Wir haben in einer deutsch-deutschen Auswahl gegen eine Weltauswahl in Dresden gespielt. Und da ließ sich unser Kanzler Helmut Kohl einfliegen und kam dann zu uns, begrüßte alle und ich hab', glaube ich, meinen Mund weit aufgerissen. Da hat er zu Kohl gesagt: „Mensch, hier gibt's richtig was zu essen. Da sind Sie ja richtig." (lacht) Ich hab' gedacht: Das ist Breitner! Das war so niedlich. Und der Kohl hat auch geschmunzelt und hat das gar nicht so tierisch ernst genommen.

Na gut. Er hat den Saumagen vor sich gesehen... Wir haben bereits darüber gesprochen, während dieses Interviews, dass Sie schon nach der Vorrunde in die Weltauswahl gewählt worden sind, als rechter Verteidiger. Das heißt: Sie sind einer der besten Spieler der Fußball-WM 1974 gewesen. An welche Begegnungen oder Duelle mit anderen großen Spielern der Zeit können Sie sich noch zurückerinnern, vielleicht auch an Duelle mit Spielern, wo Sie sagen: „Toll, dass ich gegen die mal spielen durfte. Toll, dass ich die mal getroffen hab'?"

Na, das ist doch klar, wenn du zum Beispiel gegen die Kerkhofs spielst, die ich auch nach der Wende noch getroffen habe. Oft haben wir in der Europaauswahl gespielt, als es noch ging: Tolle Typen! Gegen Blochin, der war ja nun ein richtiger Sauhund, auch als Stürmer, oder gegen Lato. Ich weiß gar nicht, gegen wen alles. Linksaußen waren entweder Weltklasse- oder Kreisklasse-Spieler. Ja, und ich habe gegen sehr viele Weltklassespieler spielen dürfen, als rechter Verteidiger. Und das hat mir auch sehr viel Spaß gemacht. Es gab wenige, sagen wir, die auch im Nachhinein Sauhunde waren, also Fieslinge. Das war im Prinzip nur Blochin.

Im Nachhinein? Was heißt das?

Blochin war hochgeschossen in der Sowjetunion, galt als der beste Mann und wurde hofiert von allen möglichen...

... Europas Fußballer des Jahres ist er doch auch geworden?

Europas Fußballer des Jahres. Ja, und er konnte es überhaupt nicht vertragen, dass einer noch schneller laufen konnte als er, und der ihn durchschaut hat. Er hat mich dann als „Nazi" beschimpft, weil ich ihn jedes Mal abgekocht hab'.

Auf dem Platz noch?

Auf dem Platz noch. Es ging so weit, dass er es abgelehnt hat, sich mit mir fotografieren zu lassen. Die Presse wollte das, denn dieses Duell war immer etwas ganz Besonderes. Das war in Leipzig. Das hat er nicht gemacht.

Das heißt, es bestand sogar mal die Gefahr, dass Sie so'ne Aktion wie Zinedine Zidane abziehen, als er 2006 im WM-Finale von Materazzi provoziert wurde?

Also, da hat nicht viel gefehlt. Da hätte ich ihm am liebsten im Kabinengang eine reingehauen. Also, das möchte ich sagen, das ist eine richtige Ratte. Und das setzte sich fort. Er war auch nicht da, als sie nur Dritte wurden in Montreal, sie sind nicht zur Siegerehrung gekommen. Das hat man nicht gezeigt im Fernsehen.

Ach?

Ja, ach!

Das wusste ich gar nicht.

Der Platz drei. Man sieht immer nur entweder uns oder es wurde zu den Polen geschwenkt, die Zweite wurden. Den Dritten, die Sowjetunion, den siehst du nicht - auf keinem Bild.

Weil die Schmach so tief war?

Nee, die waren lieber einkaufen. Die waren so überheblich.

Also, es gibt solche und solche Russen. Aber die meisten Fußballer zählen zu der Sorte Blochin.

Wurde das im Nachhinein noch mal ausgewertet? Denn, wir waren ja eigentlich, DDR und UdSSR, richtig dicke Freunde, oder?

Das kann ich an einem Beispiel belegen, wie dick die Freundschaft so war. Wir haben ein Länderspiel gehabt, wie hieß das? Turn- und Sportfest in Leipzig?

Ja. Das Deutsche Turn- und Sportfest.

Das Deutsche Turn- und Sportfest. Das war ein Länderspiel gegen die Sowjetunion, die komplette Mannschaft. Da wollte Blochin eigentlich gar nicht spielen. Jedenfalls kamen dann unsere lieben Parteifreunde zu uns, schon in der Vorbereitung: Es wäre doch sehr schön, wenn zum Höhepunkt dieser Tage dann das Fußballspiel unentschieden ausgehen würde. Also gewinnen, das muss nicht unbedingt sein...

... gegen die sowjetischen Freunde.

Gegen die sowjetischen Freunde... Hmh. Dann haben wir zusammengesessen. Ich nenne mal die anderen Namen nicht, ich weiß nicht, ob denen das recht wäre. So ein paar, die nun schon etliche Länderspiele und vielleicht einen großen Mund hatten, die haben dann gesagt: „Das haben wir ja verstanden. Haben die auch verstanden, dass wir dann auch beim Unentschieden die Kohle für den Sieg bekommen?" Dann haben wir den Kapitän losgeschickt und haben gesagt: „Pass auf, ja, einverstanden! Aber für ein Unentschieden wollen wir die Prämie wie für 'nen Sieg!" Dann kam der zurück: „Nitschewo!" Dann haben wir gesagt: „Gut. Dann wissen wir, was wir machen." Wir haben 2:1 gewonnen. (Großes Gelächter in der Runde)

Jetzt kommt aber die Krönung: Das Geld haben wir aber nie bekommen. (lacht herzlich)

Nein! Wirklich nicht?

Nie bekommen. Da haben sich einige verquatscht. Das ist rausgekommen, weil ja auch unter den Spielern Leute waren, die was zugetragen haben. Kein Geld! Das Geld wurde gestrichen, von Ewald persönlich. Ja, das gab's auch in der DDR, meine lieben Freunde des DDR-Sports. (lacht)

Apropos DDR-Sport: Sie haben ja in der, kann man schon sagen, erfolgreichsten Zeit der DDR-Nationalmannschaft gespielt: Der mehr als Achtungserfolg 1974 mit dem 1:0 gegen die Bundesrepublik. Und, wenn Sie nicht diese schlechte Auslosung gehabt hätten, nach der Vorrunde, wer weiß, was noch hätte daraus werden können, am Ende der WM 1974. Auf jeden Fall 1976 in Montreal sind Sie Olympiasieger gewesen, mit der DDR-Fußballnationalmannschaft. War das Ihr größter sportlicher Erfolg, Gerd Kische, als Spieler?

Man könnte es so denken. Zumal ich jetzt beim Aufräumen gerade meinen Vaterländischen Verdienstorden[12] wiedergefunden habe. (lacht) Den habe ich gerade wirklich, vor zwei Tagen, gefunden. Beim Umzug habe ich noch etliche Kisten gehabt, da fiel er mir entgegen. Und da habe ich wieder an Montreal gedacht. Also, die DDR-Sportfunktionäre, ja, die haben das natürlich sehr hoch bewertet. Ansonsten hättest du den Vaterländischen Verdienstorden in Silber nicht bekommen. Für mich ist es einfach ein sehr, sehr schönes Erlebnis gewesen, mit diesem Erfolg. Aber eine Fußballweltmeisterschaft ist für einen Fußballer etwas ganz anderes. Wenn du das Glück hast, beides erlebt zu haben... und ich hab' ja das Pech gehabt, dass ich mir den Zeh gebrochen hab', sonst wäre ich auch in München dabei gewesen, ich war ja schon nominiert. Also, wenn du dann beides erleben darfst, dann sagst du trotzdem: Eine WM ist eine WM für einen Fußballer. Aber das andere ist auch sehr schön. Da bist du mit so vielen Menschen in so einem Olympischen Dorf. Da kannst du die Stones dann singen hören, was kaum einer konnte, jedenfalls damals zu unserer Zeit. Das ist schon ein Erlebnis. Aber, um das klar zu bewerten: Eine Fußball-WM ist für einen Fußballer das größere Ereignis.

Weil wir vorhin so 'n bisschen über die Herabwürdigung gesprochen haben, die die DDR-Fans Ihnen gegenüber geäußert haben - also, dass die westdeutsche Nationalmannschaft mehr wert war als die ostdeutsche. Haben Sie nach der WM 1974 oder nach Olympia 1976 gespürt, dass das ein bisschen positiver „Pro DDR" geworden war? Dass dann auf einmal doch mehr Fans für Ihre Mannschaft waren?

Also, ich hab' das nicht gespürt. Noch einmal: Zu Hause, „bei deinen eigenen Leuten" im Ostseestadion, war das vom ersten Tag an so. Da hab' ich mich sauwohl gefühlt, da will ich überhaupt gar nichts Negatives sagen. Ich habe aber nicht gespürt, dass sich das weder nach '74 oder nach '76 verändert hat. Es gab nach '74 sogar ein Ereignis, was zeigt, dass man es sehr, sehr unterschiedlich aufnahm und auch bewertete und dass man auch sehr vorsichtig war. Dazu gibt es folgende Geschichte: Als wir '74 von der WM zurückgekommen waren, wurde das Geld am gleichen Abend noch bar ausgezahlt, West- und Ost-Mark. Dann haben die Spieler natürlich ihren Mädels auch Geld gegeben, und dann haben die die Intershops gestürmt. Das war den Sicherheitsleuten und der Partei ein Dorn im Auge. Und dann sollten wir das Geld wieder zurückgeben.

Das Westgeld?

Ja, das Westgeld. Dann haben sie uns eingeladen, und dann sollten wir das Geld wieder zurückbringen. Dann hat jeder ein Konto gehabt und eine bestimmte Telefonnummer. Davon habe ich vorhin ja schon mal kurz erzählt. Dann hast du Kataloge zugeschickt bekommen, von „Neckermann" oder von „Otto" und was weiß ich. Und dann haben sie dir das, was du bestellt hast, vor die Tür gefahren. Das ist alles perfekt gelaufen. Alles in Ordnung. Wir sollten bloß nicht einkaufen und das nach außen tragen. Also, bloß nichts offen sagen, wie auch bei anderen Künstlern. Die haben etwas Besonderes für die DDR geleistet, also geben wir denen was. Also offen und ehrlich, das wäre vielleicht gar nicht gegangen, ich weiß es nicht. Aber diese Scheinheiligkeit... Es blieb dir doch nichts anderes übrig, als deinen Eltern das auch nicht zu erzählen. Du bist also rumgerannt, konntest, wenn du zurück gekommen bist, kaum mit jemandem reden, wie schön das irgendwo im Ausland war oder so was. Es ging ja nicht, es war dort nicht schön. Schön war es nur in Moskau. Da war es in Wirklichkeit dreckig, aber nicht schön. Da können aber die Russen nichts dafür. Sondern „unsere" Leute, weil sie uns was Falsches erzählt haben. Oder du

konntest doch nicht sagen, dass es in New York wirklich phantastisch ist und wir hundert Lichtjahre hinterher hängen. Das kannst du ja nicht erzählen. Kurios. Im Nachhinein weißt du gar nicht, wie das alles ging. Ich wundere mich sehr darüber. Du bist da in so 'nem Rhythmus gewesen...

Diese Doppelmoral haben Sie ja mitgelebt.

Ja.

Und Sie haben auch gut davon gelebt.

Ja. Sehr gut. Deswegen habe ich auch die Schnauze gehalten wahrscheinlich.

Und wenn jetzt jemand sagt und ganz klug daherredet: Widerstand und tralala, stelle ich mal die Frage: Wie hätte man sich selbst verhalten? Damit will ich nichts schönreden, nichts entschuldigen. Ich frage Sie: Was hätten Sie machen können? Ich glaube, so oft waren Sie gar nicht in der Parteiversammlung? Das haben Sie uns schon mal erzählt...

Ja, wie oft? Das wissen Sie doch. (Gelächter in der Runde) Irgendwas habe ich immer gehabt. Also, ich hab' mich bemüht, mich nicht unbedingt anzulegen. Aber, wenn ich davon überzeugt war, das machst du nicht, dann habe ich es nicht gemacht. Und manchmal habe ich mir selbst gesagt: Diese Parteiversammlung, wenn diese Tütenkleber da was erzählen, da gehst du einfach nicht hin, bevor du dich erregst. In einer Parteiversammlung, da war zum Beispiel ein Doktor Sowieso-Schießmichtot, der hat dann erzählt, um wie viel Prozent... wie war das mit der...

...Planübererfüllung?

Nein, es ging um Licht. Dass in der Sowjetunion, in Moskau alles hell erleuchtet ist und es so viel kostet und zum Beispiel in Amerika alles so teuer ist. Und da hab' ich mich mit dem angelegt und ihn gefragt, ob er schon mal in Moskau war. „Ja, ja klar!" „Und warst Du auch schon mal in New York?" „Nee." „Aber ich. Du kannst doch überhaupt nicht reden über etwas, wovon du gar nichts verstehst, lieber Genosse!" Oh, da hab' ich so viel Ärger gehabt... Wenn ich was vergleiche, dann muss ich das doch auch auf eine sachliche Ebene bringen. Nee, nichts. Und deswegen habe ich sehr oft, denn so was ging da häufig rum, irgendwie Bauchschmerzen gehabt oder bin dann nicht zur Parteiversammlung gegangen.

Ich meinte auch die Frage dahingehend, man war sich schon dessen bewusst, dass man so viel wahrscheinlich gar nicht machen konnte. Dass es ja auch gar nicht gewollt war. Und dass es Ihnen sehr, sehr viel Ärger gebracht hätte.

Natürlich. Also, Don Quixote zu spielen, das wollte ich auch nicht.

Sie waren ja auch mit dem einen oder anderen unterwegs, zum Beispiel dem väterlichen *Freund in der Bezirksparteileitung. Sie kannten damals viele Leute, wie wurde da eigentlich geredet? Ich meine, die waren ja auch nicht blind, jedenfalls nicht alle. Ich hab' auch Leute kennengelernt, die dir wirklich das Rosarote von irgendwas erzählt haben. Aber dann gab es auch Genossen, mit denen du durchaus geradeaus reden konntest.*

Die Genossen, die da oben angekommen waren, die wussten schon Bescheid. Aber auch die haben dann das eine oder andere mehr gesagt, weil sie sich das erlauben konnten, weil sie auch alle verzahnt und vernetzt waren. Es waren ja alles welche, die aus der Hitlerzeit kamen, wollen wir uns mal nichts vormachen. Die kannten sich da auch schon alle. Na jedenfalls gab es da schon offene Worte.

Der Widerstand war angekommen. (Gelächter in der Runde)

Aber die gefährlichen waren ja die, das muss man sagen, die Wasser gepredigt haben und auch Wasser gesoffen haben, die Tausendprozentigen. Das war gefährlich. Die haben ja jegliche Realität ausgeschlossen, abgehakt. Das hab' ich in dem Betrieb dann erlebt. Ich mach' diesem Parteisekretär keinen Vorwurf, weil man ihm nicht nachsagen konnte, dass er den Staat ausgenutzt hat, aber er hat auch nicht überlegt. Also, so was von blind kann man gar nicht durch die Welt gehen.

Sie sprechen jetzt von dem Parteisekretär, den Sie dann später in Ihrer Funktion im Ingenieur-, Tief- und Verkehrsbaukombinat (ITV) erlebt haben.

Als ich Ökonomischer Direktor war, dort. Eine Straße ist erst dann fertig, wenn sie wirklich befahrbar ist. Oder als ich beim Wohnungsbaukombinat war: wenn Wohnungen fertig gestellt werden sollten, dann weiß ich doch, ob die bezugsfähig sind, ja oder nein. Das ist doch einfach. Und das kann jeder „Hans und Franz" sehen. Ob da vielleicht die Fenster noch geputzt werden müssen, sei mal dahin gestellt. Aber, wenn ich hundert Wohnungen abrechne, und dann ist das Fundament gerade mal fertig... das ging mir nicht in den Kopf. Und diese Fragen habe ich dann manchmal gestellt: „Wie fühlst Du Dich eigentlich, Genosse?" Dann kam die Antwort: „Du mit Deinem großen Maul, mach' mal das, was wir Dir sagen!"

Bevor wir auf Ihre Zeit in der Wirtschaft der DDR in den 80er Jahren kommen, kehren wir noch einmal kurz zurück zu Ihrer sportlichen Karriere, zu Ihrer sportlichen Laufbahn. Es ist auf jeden Fall auch 'ne sehr aufregende sportliche Zeit für Sie gewesen: Von 1974 bei der WM bis 1976 als Olympiasieger. Denn zwischendurch sind Sie mit dem FC Hansa Rostock 1975 auch abgestiegen.

Ja.

Wenn Sie sich daran jetzt zurückerinnern: Ist das der schwärzeste Karrieremoment gewesen?

Der unsicherste. Nicht, dass ich Angst hatte, nicht mehr Fußball spielen zu können. Aber wo? Unter welchen Bedingungen? Wie geht das weiter? Kannst du deine Ziele dann noch erfüllen? Wie läuft das jetzt alles? Also, man muss sich vorstellen, wir fahren gemeinsam mit dem Bus nach Stralsund und müssen da unbedingt gewinnen, um nicht abzusteigen. Davon sind die meisten ausgegangen. Dann verschießt der Achim Streich den Elfmeter, was jedem passieren kann. Ich betone hier noch einmal: Der Junge hat das nicht mit Absicht gemacht, was manche ihm damals unterstellten. Totaler Blödsinn! Dazu ist er ein viel zu ordentlicher Sportler gewesen. Das ist nicht wahr. Auch wenn ich nicht sein Freund bin und er nicht meiner. Aber um der Wahrheit die Ehre zu geben: Das ist unschön und nicht richtig, dass man dem Jungen das unterstellt hat. Nach dem Motto: Ich glaub', ich mach' das 1:1 noch, und dann haben wir noch 'ne Chance. Aber, wir steigen ab, indem wir das Spiel nicht gewinnen, sondern nur unentschieden spielen. Und dann steht da ein PKW, der uns beide, Achim und mich, zur Nationalmannschaft bringt. Eine Stunde nach dem Spiel steigen wir nicht in den Bus, sondern in den PKW, und die fahren uns zur Nationalmannschaft, weil wir irgendein Länderspiel haben. Und wir kommen dort an und haben beide kein Wort miteinander gesprochen.

Sie beide nicht?

Ja. Kein Wort. Der eine saß vorne, der andere hinten. Der vorne saß, das hat einen bestimmten Grund gehabt, der hat nämlich geraucht, und ich mag das nicht. Ich rauch' ja überhaupt nicht. Kein Wort. Aber das ging nicht um diesen verschossenen Elfmeter, sondern: Was passiert jetzt? Ich hab' allerdings zu dem Zeitpunkt nicht gewusst, dass Achim schon alles in Sack und Tüten hatte, dass er nach Magdeburg geht. Das war schon alles geregelt. Das wusste ich nicht. Egal! Was ich auch nicht wusste, war, dass man ihn auch gerne loswerden wollte, seitens der Partei. Die waren gar nicht sauer darüber, dass er gegangen ist. Die wollten ihn loswerden.

Warum?

Da gab es so Vorfälle, ich hab' das ja schon mal gesagt: Er hat sich dann auch aufgrund der Tatsache, dass er nun auch wirklich ein sehr guter Spieler war, auch das eine oder andere rausgenommen, auch bei Funktionären. Und das ist anders angekommen, als wenn ich da mal Rambazamba gemacht hab'. Ich weiß nicht, warum. Ich weiß es einfach nicht. Es ist aber so. Sie mochten ihn nicht. Er war auch in der Mannschaft nicht beliebt. Auch bei mir nicht. Das muss ich sagen. Wenn du also jemanden mit diesem Talent in der Mannschaft hast, wir kommen ja auf andere sicherlich noch mal zu sprechen, und dieser faule Hundesohn nichts dafür tut, obwohl er ein begnadeter Fußballer ist. Und er einfach keine Lust hat und mit 'nem weißen Hemd runtergeht, wo alle anderen dreckig sind, da kannst du wahnsinnig werden. Das hängt damit sicherlich auch zusammen: Sie wollten ihn nicht. Aber ich wusste nicht, was passiert denn nun? Und das Allerschlimmste an dem Tag war, als wir ankamen, haben alle gelacht: So blöd können nur Fischköppe sein, dass sie sich untereinander beharken, dass sie dafür sorgen, dass beide absteigen. Das könnt nur Ihr! (lacht) Sie haben uns ausgelacht. Zu Recht. Ja, ich wusste zu dem Zeitpunkt nicht, was ich machen sollte.

Wer hat Ihnen da weiter geholfen?

Ich komm' gleich drauf. Nach dem Länderspiel kam auf einmal Georg Buschner auf mich zu. Was hat der mit uns zu tun? Also, die Genossen, die alles immer regeln und managen, haben nicht nur dafür gesorgt, dass Achim Streich nach Magdeburg gehen durfte, sondern auch dafür, dass ich in Rostock bleiben durfte. Wenn ich im Nachhinein bedenke, dieses Risiko einzugehen... Aber wenn Georg Buschner mir das sagte, dem habe ich immer vertraut. Er hat gesagt: „Pass auf, Junge, jetzt hältst Du die Füße ganz still! Nach dem Spiel fährst Du schön brav nach Hause und hältst Deine Klappe! Du bleibst in Rostock! Ihr steigt wieder auf! Und ich lasse zwei, drei Länderspiele ins Land gehen. Nach einem Vierteljahr hole ich Dich dann wieder! Sieh' zu, dass Du Dich fit hältst, und mach' mal alles ordentlich!" Ich hab' mich also auf Buschner verlassen und hatte hier diese Gespräche mit unserer Stabsführung, also, nicht mit dem Verein, sondern mit den Anderen. Die haben mich dann gefragt, welche Wünsche ich habe. Die habe ich geäußert, und sie sind alle prompt erfüllt worden.

Welche?

Oh, ich wollte ein Haus, ein neues Auto, 'ne Garage und so weiter. Ach, so Kleinigkeiten für damalige Verhältnisse. Ja, ich weiß, es ist unverschämt, aber ich habe das auch genutzt. Die haben mir auch zusätzlich Geld gegeben. Das, was ich gefordert hatte. Ich hatte dann auch Verluste durch den Abstieg in die Zweite Liga. Ich hatte ja die 800 Ost-Mark, die ich als Nationalspieler so bekommen habe. Das war damals auch viel Geld. Mein Vater hat für die Hälfte den ganzen Monat gearbeitet. Das hatte ich zusätzlich gehabt, und das haben die mir dann gesperrt. Das waren so 'n paar Dinge. Das haben sie alles gemacht, Buschner auch, und ich war zufrieden und glücklich. Das Problem war nur: Am Mittwoch hast du gegen Schottland gespielt, im Länderspiel, und am Samstag gegen Trinwillershagen, wo du auch schon mal was mit 'm Krückstock zwischen die Beine bekommen hast. (lacht) Und dich da fit zu halten und zu sagen: Ich zeig' denen das, dass ich das auch kann, zumindest mal ein Jahr, das hat mich so angespornt, dass ich das dann wirklich geschafft hab'. Und beim zweiten Abstieg hat schon gar keiner mehr drüber geredet. Da war das selbstverständlich, dass ich trotzdem in der Nationalmannschaft spielen durfte.

Es heißt, Buschner hat Ihnen dann ein privates Trainingspro-
gramm aufgestellt, und er hat Ihnen genau aufgeschrieben:
„Lieber Gerd, jetzt machst Du mal ein paar Extra-Einheiten
für die Nationalmannschaft!"

Ja, richtig. Ich hab' das aber, sagen wir mal, nicht ganz wiedergegeben. Zentral, da gab's immer Leute, die das Trainings-
programm, das Gewicht kontrolliert haben, also diese geför-
derten Vereine, die Hochburgen des Fußballs, da gehörte mit
dem Abstieg der FC Hansa nicht mehr dazu. Buschner hat
also gesagt: „Da wir die anderen Sportvereine kontrollieren,
und ich weiß ja, dass Du lieber mal mit 'nem Mädel spazieren
gehst, als zu trainieren, dann werde ich selber kommen und
das kontrollieren. Du weißt, ich schicke meine Leute hoch!"
(erzählt mit lächelndem Unterton) Es sollte ein bisschen spa-
ßig klingen, war aber sehr ernst gemeint: „Ich möchte dann
nicht auch ans Kreuz genagelt werden! Wir sitzen jetzt beide
in einem Boot. Halte Dich daran!"

Also: „Enttäusch' mich nicht!"

Genau.

Es gab auch andere Angebote. Man hätte nicht in Rostock blei-
ben müssen.

Ja, aber das hat Buschner verhindert.

Konkret, welcher Klub?

Ich sag' das gleich. Auf der Autofahrt, wo ich immer noch
überlegt und gegrübelt habe, wo im Prinzip schon alles ge-

klärt war, was ich nicht wusste, hatten sie auch einen Plan für mich: Ich habe also mit Dr. Paul Dern gesprochen, das war ja unser Athletiktrainer in der Nationalmannschaft. Und der hat alles für Zeiss Jena gemacht. Der hatte schon das Haus fertig, das war alles fertig. Das war alles schon für mich geregelt.

Einer Ihrer größten Mentoren, oder?

Ja. Dem habe ich zu verdanken, durch die Fürsprache bei Buschner und möglicherweise auch durch meine eigene Leistung, die ich dort in der Athletik erbracht habe, dass ich dann recht schnell international spielen durfte. Und dieser Paul hatte das alles ausgemacht. Die Klubführung in Jena wusste Bescheid, und als Buschner das mitkriegte, hat er sofort den Faden zerschnitten. Er hatte ja den Rostockern versprochen: „Ich mach' das! Der Junge bleibt in Rostock. Alles in Ordnung. Ich kann dann wieder im Stolteraa¹³ drei Wochen Urlaub machen, kostenlos, so wie immer, bei der Partei und so weiter." Na ja, so wie das nun mal war. (lacht)

Hat man sich manchmal für 'ne Sekunde doch Gedanken gemacht? Man war ja irgendwo sehr fernbestimmt. Also, wer das kennt, wer das erlebt hat. Das ist ja nur ein Teilbereich: der Sport oder der Fußball. Aber zu wissen, dass hinter den Kulissen Leute die Drähte ziehen. Das ist schon beeindruckend, oder?

Ja, das ist sehr beeindruckend, aber du lernst das dann auch.

Hmh.

Auch in der DDR gab's so was. Ich könnte tausend Sachen erzählen, was mit einem Anruf alles ging... Hinter den Kulissen wurde gekungelt, das ist unglaublich.

Geht es am Ende, damals wie heute, immer um bestimmte Interessen?

Na klar, es geht immer um persönliche Interessen, nur um persönliche Interessen. Ich komm' nachher vielleicht noch darauf. Sie werden mir sicherlich noch 'ne Frage zu dem einen oder anderen stellen, der nach außen den Samariter spielt, und wenn du mit dem ein paar Jahre zusammengearbeitet hast, weißt du, was das eigentlich für 'n Mensch ist. Also, in den meisten Fällen, ich will jetzt nicht alle über einen Kamm scheren, aber in den meisten Fällen sind es nur noch persönliche Interessen. Ich will mehr haben, besser sein als der andere, koste es, was es wolle!

Sie haben mal gesagt, hier in Rostock hatten Sie das sichere Gefühl, zu Hause zu sein. Inwiefern, Gerd Kische, hat diese Heimatverbundenheit auch eine Rolle gespielt, dass Sie Mitte der 70er Jahre nicht die Hansa-Kogge verlassen haben? Also, sagen wir mal, dass Sie nicht ohne die steife Brise, den Strand, das Meer, ohne Rostock leben konnten?

Also, dass ich gerne Mecklenburger bin und das auch nicht verleugne und mich hier oben sehr wohl fühle, da habe ich nie einen Hehl draus gemacht. Es ist wunderschön, wenn du erlebst, wie die da unten in der stickigen Luft leben, ich will da gar nicht über Leuna und so reden, sondern das ist auch in den Kernbergen, in Jena, nicht anders. Und du kannst hier die Freiheit genießen, indem du auf's Meer schaust, und so wie ich sogar noch darüber stolzieren kannst und auch mal eben nach Kopenhagen oder sonst wo in die Welt düsen kannst. Wenn du das so erlebst, das ist 'ne sehr schöne Sache. Das hab' ich genossen. Es gibt aber noch einen Punkt: Da das hier für viele „am Arsch der Welt" war, hier oben, weil man ja damals auch lange brauchte, auch mit 'm Auto, selbst, wenn man 'n schnelles Auto hatte, am Anfang war ja nicht mal die Autobahn da, war ich hier auch immer allein. Hier wurde ich nie kontrolliert. Also, diese ganzen Lattenhorcher und diese ganzen Aufpasser vom DFV oder von „Ewalds Konsorten", die auch die Olympiasieger kontrollierten, das war dann alles eins, wenn du Olympiasieger warst, dann wurdest du auch kontrolliert: Macht der auch sein Programm? Macht der mittags auch seine Ruhepause,

Mittagsschlaf wie die Kleinkinder? Im Verein hier hat nie einer was zu mir gesagt. Es hat sich keiner gewagt, was zu sagen. Ich konnte hier machen, was ich wollte. Es war so wunderschön. Ich musste keinen Mittagsschlaf machen, ich konnte mittags meine Geschäfte erledigen, ich war weit weg vom Schuss. Das war schön! Wenn die anderen mir erzählt haben, die Jenenser oder die Dresdner oder die Leipziger, wie die kontrolliert wurden. Mein Masseur, den ich vor ein paar Tagen mal wieder getroffen hab', der war froh, wenn er meine dicken Oberschenkel nicht massieren musste, und ich war froh, dass ich meine Zeit hatte. (lächelt) Also, das waren diese Gründe. Und dazu kam auch, dass meine Frau, das muss ich auch sagen, damals Medizin studiert hat und auf gar keinen Fall weggegangen wäre von hier.

Im Zusammenhang mit Ihrem Dasein als Norddeutscher hat die „Frankfurter Allgemeine Zeitung", Sie, wie ich finde, einmal sehr schön beschrieben: Während Ihrer Zeit als Hansa-Präsident, als Sie einen Dreitagebart trugen, hat die „FAZ" über Sie gesagt, eigentlich könnten Sie damit auch Komparse in einem Seeräuberfilm sein. Könnten Sie damit gut leben?

Ja, sehr gut. (lacht) Damit kann ich mich identifizieren. Das ist okay. Vielleicht gibt „Störtebeker" ja mal ein Angebot rüber.

Was zeichnet denn so 'n Norddeutschen aus?

Ja.... (lacht) Nehmen Sie mich! Ich kann Ihnen das nicht sagen. Ich weiß es nicht, da gibt es sicherlich so'n paar vorgefertigte Meinungen. Der Norddeutsche an sich soll ja nicht mehr als zwei Sätze sprechen. Ein Fischer hat, wenn er „Guten Morgen" sagt, ein Buch geschrieben, so heißt es, und was weiß ich auch immer ... Stur? Ich hab so viele andere Sture kennengelernt, die nicht aus Norddeutschland sind...

Ich glaube, da ist auch viel Klischee dabei.

Ja, das ist so'n Schubkastendenken. Ich weiß es nicht.

Sie sagen, Ihre damalige Frau wäre hier nicht weggegangen. In Ihrer Beziehung, wie stark war sie da? Wenn man das hört: „Sie wäre hier nicht weggegangen". Es gibt ja auch noch andere Dinge. War das auch sehr wichtig?

Ja, ja.

Jetzt nicht nur der Ortswechsel, sondern generell auch „Nein, Gerd, das ja, aber das nicht!"

Also, es war so, dass sie hier oben auf der Insel Usedom geboren ist, die Eltern da auch noch immer lebten. Und das wäre nicht möglich gewesen. Sie ist auch sehr norddeutsch. Das hätte sie, glaube ich, nicht gemacht, da nach Jena zu gehen. Das wäre nicht gegangen.

Oder eine Fernbeziehung? Nach dem Motto: „Pass mal auf, Mädel! Die Partei hat das nun bestimmt, und wir leben ja auch gut davon, und dann lass' mich doch da die Woche über Fußball spielen, und dann sehen wir uns am Sonntag?"

Da sie mich kennt, hätte sie das gar nicht erst gesagt. (lächelt)

Was heißt das?

(lacht) Interpretieren Sie, wie Sie wollen...

Das wäre eine Frage, die ich mir die ganze Zeit ab und zu auch mal stelle: Also ein Fußballer, erfolgreich, sehr erfolgreich, für DDR-Verhältnisse sehr gut gelebt, mit allem, was dazu gehört. Und dann kommt dieser Prominenten-Nimbus noch dazu. Ich mach's mal ganz deutlich: Die Frauenwelt. Also, ich glaube, da waren bestimmt die einen oder anderen, die dann sagten: Ich würde gerne mal wissen, wie der Gerd so ist, also, ich würde ihn gern mal kennenlernen?

Oh, das soll vorgekommen sein, aber das hab' ich alles vergessen.

Aha. Aber das gab's schon?

Ja, sicher.

Ich frag' das jetzt auch nicht aus Neugierde. Ich weiß ja selbst, wie es ist, wenn du zum Beispiel auf der Bühne stehst oder wenn du irgendwie für die Leute so'n bisschen herausgehoben bist. Schon entwickeln sich andere Geschichten, die man ausnutzen kann oder man lässt es bleiben. Soll mir aber keiner kommen, dass er nicht ab und an mal ein Stück Holz in die Luft wirft...

Das gehört dazu...

Hmh.

Wie der eine oder andere das sieht, das soll er für sich entscheiden, also Außenstehende.

Es geht immer die Leute an, die es tun...

Aber, man muss sagen: Ja, davon gab es reichlich, reichlich, die dann am Spielfeldrand standen und nur gewartet haben, dass man mal „Guten Tag!" sagt oder so. Aber ist das heute anders? Wenn du Geld hast, ist es doch egal, wie du aussiehst. Wenn du dich dann noch einigermaßen artikulieren kannst und noch nicht ganz wie Quasimodo aussiehst, und die Dinge kommen alle zusammen, dann ist das doch nicht schwer.

Ende der 70er, Anfang der 80er Jahre, Gerd Kische, sind Sie ein gestandener Fußballspieler gewesen. Beim FC Hansa Rostock ging's damals häufiger auf und ab. Mal erste Liga, mal zweite Liga, Hansa galt als „Fahrstuhlmannschaft". In dieser Zeit haben die Karrieren weiterer prominenter Hansa-Spieler begonnen: Axel Schulz, Rainer Jarohs, Juri Schlünz. Wie erinnern Sie sich an diese Spieler zurück? Waren Sie jemand, der junge Spieler auch mal gefördert hat?

Also, die da genannten sind ja unglaublich talentierte Jungs gewesen. Unglaublich talentiert! Und wenn Juri Schlünz eines Tages mal gesagt hat, das macht er heute nicht mehr, das hat auch einen Grund, und er möchte mal so erfolgreich werden wie ich, da hab' ich ihn natürlich auch gefördert. Juri Schlünz, aber besonders auch Axel Schulz, dieser Spieltyp, ein genialer Fußballer, wirklich. Der hatte alles. Er ist klug, unglaublich schnell, kann ein Spiel erkennen, kann lesen, kann einen wunderbaren Pass, ist ein Schlitzohr. Und er hat sich auch getraut, mal richtig reinzugehen, auch als Mittelfeldspieler. Wirklich! Also, den mochte ich immer sehr, sehr gerne, wie auch am Anfang den Juri Schlünz. Die haben auch alle noch mit mir gespielt oder ich mit ihnen, ganz egal, wie man das jetzt sieht. Wer für mich immer ein rotes Tuch war, war Rainer Jarohs. Er hatte als Spieler Veranlagung und war so'n fauler Hund. Ich rede von ihm als Fußballer. Nicht, dass man mir jetzt was unterstellt, er kann im Job sicherlich sehr, sehr gut sein, das kann ich überhaupt nicht beurteilen. Als Fußballer konntest du ihn selten gebrauchen. Er war auch einer, der mit 'm weißen Hemd immer runtergegangen ist, vom Platz, wenn alle anderen dreckig waren. Du konntest ihn nicht gebrauchen, wenn's drauf an kam. Wie oft ich dem in den Hintern getreten habe! Das hat mich geärgert. Wenn ich gesehen habe, was die alles konnten, da müsste ich dreihundert Jahre alt werden, da hätte ich das immer noch nicht gekonnt. Was die am Ball konnten und nichts draus gemacht haben. Wie ich mich anstrengen musste, mit wie viel Auskotzen und mit wie viel Arbeit, damit ich diese Athletik erreichte. Und wenn mir jetzt einer sagt: „Die haben jetzt 'n Länderspiel!" Ja, sie haben 'n Länderspiel. Da waren aber 55 krank und die anderen 40? Die hatten Urlaub und hatten keine Lust zum Spiel. Dadurch sind die zum Länderspiel gekommen. (redet sich in Rage) Um das mal ganz deutlich und ehrlich zu sagen. Das ärgert mich. Und das haben sie auch so fortgesetzt, finde ich. Man hätte mit dieser Veranlagung viel mehr aus sich machen müssen.

Also mangelnden Ehrgeiz werfen Sie den Dreien vor?

Als Fußballer. Sie hatten die Voraussetzungen, sie hätten alle gestandene Nationalspieler werden können.

Damals war es auch die Anfangszeit von Thomas Doll. Haben Sie bei ihm auch schon Anzeichen gesehen: Aus dem kann mal ein Großer werden?

Ich hab' zu Doll ja nach wie vor einen engen Kontakt. Wir haben uns zwischendurch auch immer mal gesehen. Als er auch in Italien gespielt hat, da hat er mich eingeladen. Wir waren zusammen zur Formel 1 in Monte Carlo. Das hat mir damals schon gefallen. Dieser Junge hatte weniger Talent als die drei vorher Genannten. Aber, als Spieler, was er als Trainer dann nachher nicht mehr gemacht hat, als Spieler war der ehrgeizig. Der wollte und hat auch. Das ist der Unterschied!

Ende der 70er Jahre, wir haben es ja schon erwähnt, ist Hansa so'ne Fahrstuhlmannschaft gewesen. Woran lag das?

Da muss ich ein bisschen zurückgehen. Ich glaube, der Ursprung lag darin begründet, dass damals der Dr. Saß viel zu früh die sogenannten älteren, gestandenen Spieler um die 30 rausgeschmissen hat.

Das war aber schon Anfang der 70er Jahre.

Das war Anfang der 70er Jahre. Ich glaube, das liegt darin begründet. Andere Vereine haben das sukzessiv gemacht, ihre älteren Spieler nach und nach rausgenommen. Darüber habe ich zu seinen Lebzeiten oft mit Dr. Saß gesprochen. Das hat er dann am Ende auch streckenweise eingesehen.

Gut, er hat auch aus sehr persönlichen Gründen einen Herbert Pankau schnell rausgefeuert oder Kleiminger, Sackritz, und wie sie alle heißen. Und er hat gedacht, er kann mit jungen Leuten wie Bergmann, wie Streich, wie Kische und Lenz das neu aufbauen und über Jahre stabilisieren. Denn wir haben ja erlebt, dass in den 60er Jahren zwar der FC Hansa nie DDR-Meister geworden ist, aber immer ganz oben war und einen gepflegten Fußball gespielt hat. Davon hat die ganze DDR gesprochen, mit Heinsch als Torhüter, und was weiß ich. Das sind alles super Spieler, auch Nationalspieler, gewesen. Wenn ich heute so zurückblicke, ich sage nach wie vor, davon konnten wir uns einiges abschneiden. Statt mit denen so zu trainieren wie mit uns, so dreimal am Tag, die kannten das doch gar nicht. Dann haben sie noch viel weniger verdient. Das habe ich aber auch schon mal gesagt und dass sie mehr trainieren sollten. Und Saß hat es nicht verstanden, das feinfühlig rüberzubringen. Dann waren wir plötzlich ein Haufen junger, unerfahrener Leute. Dann kamen solche Spiele, wie zwischen Achim Streich und mir noch dazu, die sich gar nicht verstanden haben. Da gab's 'ne Fraktion auf der einen Seite und die auf der anderen Seite. Die einen haben gesagt: „Die sind zu faul zum Laufen, die kannste nicht gebrauchen!" Und die anderen haben gesagt: „Du lern' erstmal das Jonglieren! Du kannst ja gar nichts! Hast nur die große Klappe!" So war das. Da ist in der Mannschaft so'n Riss gewesen. Und das hast du nie gekittet bekommen. Und du hast kein Gerüst mehr gehabt. Aber so ein Gerüst muss da sein. Das hatten wir nicht mehr. Und da brach das zusammen. Und deswegen kam es zu diesen Schwierigkeiten. Dann hatten wir natürlich auch immer auserlesene Präsidenten. Das waren alles Abgeschossene von der SED. Dann hatten wir Trainer, die haben alles andere,

aber nicht ordentlich trainiert. Das war eine Vielzahl von Faktoren, die keine Ruhe reinkommen ließen.

War das manchmal fast schon so ein bisschen fußballerische Provinz?

Ja, dann ja. Wir haben geglaubt, dass wir immer noch der Nabel der Welt sind. Aber das zeichnet den FC Hansa aus. Das ist ja heute auch noch so.

Würden Sie das wirklich vergleichen? Diese Situation, die Sie soeben geschildert haben Ende der 70er, Anfang der 80er Jahre, als Sie noch gespielt haben? Wir haben von einer Provinzialität gesprochen. Ist das wirklich vergleichbar mit Hansas Schmoren im eigenen Saft, als Hansa aus der Bundesliga abgestiegen ist, viele Jahre später?

Na ja, da braucht man sich ja nur anzuschauen, wo wir heute stehen, mit dem FC Hansa: Hausgemachter, eigener Müll, der da geschehen ist. Es war kein böser Wessi, der uns da hingebracht hat. Sondern das haben wir selber gemacht. Ich will da jetzt im Detail nicht drauf eingehen. Und wenn ich die Kommentare heute lese, wenn ich auch Kommentare von Trainern höre und lese, dann habe ich manchmal den Eindruck, wir sind noch Bundesliga, und ich hab ein anderes Spiel gesehen. Also, dieses Nichtaufarbeiten der tatsächlichen, riesigen Schwächen, die dort sind, das Schönreden, das kenn' ich alles aus unserer Zeit. Das Nicht-Durchgreifen, dass Dinge passieren, die so undiszipliniert sind und gar nicht in den Fußballsport reingehören. Was früher gelaufen ist und was jetzt läuft, das ähnelt sich unglaublich. Vielleicht ist auch das 'ne norddeutsche Mentalität, dass da keiner mit

dem Knüppel mal draufhaut. Und wenn dann unsere sogenannten Fans noch dazukommen, die dafür sorgen, dass wir
mehr Geld ausgeben an Strafen als einnehmen, auch haus-
gemacht, dann weiß man also, was da jetzt so abläuft.

*Schauen wir zurück auf Ihre letzte aktive Saison als Spieler
1980/1981. Wie groß war noch Ihr eigener Ansporn an sich
selbst, sich weiterhin aufzureiben mit diesen jungen Spielern?
Wo Sie schon gesehen haben: Das Talent ist da, aber der Ehrgeiz, wie Sie ihn hatten, ist eigentlich nicht vorhanden. Wie
groß war Ihr Ehrgeiz, noch mal wieder in die Bresche zu springen, wie Sie es ja so oft über 15 Jahre Ihrer Karriere gemacht
haben zuvor?*

Na, ich glaube, ich habe das dann noch einmal bewiesen,
als ich Präsident wurde. Da haben ja die meisten dann auch
noch gespielt. Die haben alle gute Verträge bekommen.
Und ich habe ihnen sehr deutlich gesagt, sehr, sehr deutlich,
deswegen spricht der eine oder andere mit mir auch nicht
mehr, was ich von ihnen erwarte. Damals war ich dann
nicht mehr der Mitspieler und der Kapitän, sondern war ihr
Präsident. Dass sie mich geduzt haben, das war überhaupt
nicht das Thema, und dass ich auch noch nicht so alt war,
wie vielleicht viele andere, das war egal. Aber gesagt habe ich
ihnen, was ich verlange. Ich habe zum Juri Schlünz gesagt:
„Du kriegst keinen Vertrag mehr! Entweder Du trainierst
ordentlich und bist richtig fit! Aber dass ich Dich da rein
tragen lasse nur zum Freistoß, das fällt aus! Dann kriegst
Du keinen Vertrag mehr! Das kannst Du Dir überlegen!"
Das vermisse ich heute. Das ist nur knallhart und nicht
boshaft. In welcher Funktion auch immer, darf ich dann
den einzelnen Spieler nicht sehen. Trotzdem kann ich ihn

134

ja fördern. Aber, wenn mir jemand sagt: „Wenn Du mich rausschmeißt, dann wirst Du schon sehen, was Du davon hast!" Dann habe ich gesagt: „Du kriegst keinen weiteren Vertrag. Was heißt denn rausschmeißen?" Weiterhin habe ich gesagt: „Ich biete Dir folgendes an: Ich nehm' einen Telefonhörer in die Hand, lass' meine Kontakte walten und Du machst 'n Trainerschein. Du machst 'n A-Schein", den er dann später auch gemacht hat. „Du hörst auf, und wenn Du zurückkommst nach einem halben Jahr, hast Du hier einen Job. Du kannst hier irgendwo arbeiten, wir überlegen uns das gemeinsam!" Dann sagt er zu mir: „Dann höre ich auf und gehe woanders hin." „Bitteschön!" Dann ist dieser Spieler mit dem Bock, mit solchen Hörnern (zeigt sie) raus gerannt und ist dann irgendwo in die Walachei gegangen, irgendwo, wo so 'n Sponsor war, in Parchim, und hat dann da lieber zwei Jahre verschenkt. Dass ich dann später zu dem 'ne andere Beziehung aufgebaut habe, das ist vielleicht nachvollziehbar. Und so geht das mit dem einen oder anderen. Das ist bei Axel Schulz, den ich nun fast jede Woche einmal sehe, der ja immer noch beim FC Hansa arbeitet, ein bisschen anders. Er ist für mich nach wie vor leider einer, der vielmehr hätte erreichen können, aber der macht beim FC Hansa auch sein Ding und ist nach wie vor ein netter Junge. Und wir unterhalten uns auch so, wie ich hier rede, das können sie jetzt vertragen. Und unser Mann, der bei „Infront"[14] das jetzt alles leitet und managt, wenn ich daran denke, was ich mit dem für Auseinandersetzungen hatte... Heute können wir darüber vernünftig reden, damals hätte ich ihn beinahe rausgeschmissen.

Wir reden von Heiko März...

Der hatte dieses Sportgeschäft und einen Klamottenladen. Und man hat mir zugetragen, dass er ständig auch nach den Trainingseinheiten und am Freitagabend, vor den Spielen, sich in seinem Laden die Beine dick steht. Er hatte aber bei uns einen Vertrag, der recht ordentlich war. Und dann bin ich am Freitagabend mal in seinen Laden gegangen, und dann war er da. Da habe ich gesagt: „Heiko, Du kannst Dir das überlegen! Ich werde durchsetzen, dass Du dann nicht mehr spielst, werde Deinen Vertrag auflösen! Und dann kannst Du hier in Deinem Laden, das steht Dir frei, Dir Deine Brötchen verdienen, aber nicht mehr bei uns. Ich bin nicht dazu bereit, kommt gar nicht in Frage. Deine Leistungen sind nicht so! Erzähl' mir nichts! Du wärst der Erste, der beides miteinander so verknüpfen kann." Dazu kam natürlich auch, dass ich die ganze Problematik mit seinem Partner kannte: Geldschwierigkeiten ohne Ende, weil der alles verdüdelt hat. Der wusste gar nicht, wohin er gucken sollte. Gut! Dann habe ich ihm das so gesagt und ihn am Montag ins Büro bestellt. Und dann habe ich ihm gesagt, er möchte mir jetzt sagen, was er möchte, welchen Vertrag. Dann hat er geantwortet, er möchte weiter Fußball spielen. Okay. Dann habe ich ihm gesagt: „Wenn ich Dich noch einmal erwische, hast Du vertragswidrig gehandelt! Erledigt!" Das hat er mir bis vor sechs, sieben Jahren nachgetragen. Als wir darüber sprachen, sagte er: „Jetzt kann ich das verstehen!" Jetzt, wo er Chef von „Infront" ist, wo er das jetzt sieht, wie das mit den Spielern ist. Also, dem kann ich das auch verzeihen, dass er solange auch Böses über mich erzählt hat. Der brauchte seine Zeit, um das zu begreifen.

Wo würden Sie heute sagen, man kann Dinge verstehen oder man braucht manchmal wirklich die Jahre, sich selbst auch zu verstehen? Es ist wahrscheinlich schwer, das zu sagen. Man kann Dinge ja auch nicht zurückdrehen. Was würden Sie anders machen, wenn Sie es könnten?

Na, ich hab', wenn Sie so wollen, mir selber ins Knie geschossen, beim Aufbau von Hansa als Bundesligamannschaft. Was ich glaube, auch ganz gut gemacht zu haben und in jedem Falle gut machen wollte. Aber dieser Streit mit dem Trainer, auch wenn ich nach wie vor tausendprozentig überzeugt bin, dass das richtig war, und inzwischen weiß man ja, dass das sein musste. Aber wie ich's gemacht hab', da war ich total blind. Da hat der dicke Mecklenburger Schädel mal nicht länger nachgedacht. Vielleicht war ich auch zu jung. Ich weiß es nicht.

Vielleicht waren Sie auch unerfahren, weil das ja Regeln sind, die man wahrscheinlich auch erst lernen muss?

Das ist einfach. Das würde ich heute mit einem Lächeln völlig anders machen.

Und persönlich? Da wären wir bei Ihrem wahrscheinlich schwärzesten Jahr, als dann bei Hansa und mit der Nationalmannschaft Schluss war...

Also, das war schon etwas, was ich keinem wünsche. Es war die Fortsetzung der Heuchelei, weil mir ja keiner was richtig gesagt hat, als ich rausgeflogen bin.

Das war in der Serie 1980/1981.

Da wurde mir irgendwann so zwischen Tür und Angel gesagt: „Du, wir wollen nicht! Wir…" „Du, kannst Du mal Klartext reden?! Was willst Du?" „Ja, Du kriegst keine Spielerlaubnis für 's nächste Jahr." „Mmh. Und warum?" „Ja, darüber möchten wir nicht reden und wollen nicht… Du kannst nicht mehr spielen. Wir werden versuchen, Dich zurück zu delegieren nach Neubrandenburg. Da kannst Du dann vielleicht noch ein bisschen spielen. Und alles andere erzählen Dir dann andere." Ich sag': „Wer soll mir denn was erzählen?" Damals, unser Klubvorsitzende, der hat gestrampelt, ich dachte, der hängt am Galgen. Ich meine, das war dem unangenehm, und da haben sie irgendwie so'n „Blödmann" gesucht, der mir das sagt. Die anderen haben sich alle verpieselt.

Hatte er Sie ins Büro bestellt?

Das hat er, ich weiß es noch genau, im Vorflur damals erzählt. Ich kam von unten aus den Kabinen, und er kam mir entgegen, oben auf 'm Flur. Ich glaube, ich war so was von zur „Persona non grata" gestempelt, dass ich nicht mal mehr ins Büro durfte. (lacht) Na, jedenfalls haben sie dann gesagt: „Dann gehst Du morgen, übermorgen", ich weiß es nicht, „ins Büro, Haus der Hochseefischer, und dann kommt dann jemand und spricht mit Dir." Ich bin durch die Stadt gegangen, ich habe damals am Finkenbauer gewohnt, bin da zu Fuß rüber, ich wusste gar nicht, wie mir geschieht. Da habe ich gedacht: Träumst Du jetzt? Es war unglaublich! Also, wer so was durchmachen darf und muss, das ist schon heftig. Sonst waren alle Türen offen, und plötzlich war keiner zu sprechen.

Das haben Sie schlagartig gemerkt?

Da kam dann auch alles zusammen. Dann sollte ich plötzlich zur Armee. Das war nie ein Thema, dann musste ich ein Vierteljahr zur Armee. Dann war es so, dass die Neubrandenburger mich auch gerne gehabt hätten. Da habe ich die Spielberechtigung für Neubrandenburg bekommen, da war die Welt wenigstens noch halbwegs in Ordnung. Dann habe ich dort zwei Spiele gemacht, und dann musste ich dort zur Partei, und da haben sie gesagt: „Nee, wir dürfen Dich hier nicht beschäftigen! Du musst wieder nach Rostock! Wir haben hier einen Anruf bekommen und…"

Also, wir halten noch mal fest: Man hat Ihnen zwischen Tür und Angel gesagt: „Das war's!"

Ja.

Sie sind wie blind durch Rostock gelaufen, weil drei Welten zusammengebrochen sind, nach allem, was wir jetzt wissen oder gehört haben. Wie war denn das Gespräch im Haus der Hochseefischer?

Es war so, dass mir jemand gesagt hat, ich könnte im Überseehafen anfangen zu arbeiten, wenn ich das will. Oder ich könnte nach Neubrandenburg gehen. Ich hab' den Typen dort vorher noch nie gesehen. Ich weiß bis heute nicht, wie der heißt und was er mir genau gesagt hat. Vielleicht habe ich auch nicht richtig zugehört. Ich wollte dann immer die entscheidenden Leute sprechen, um mal was zu erfahren. Nix.

Die vorher aber zu Ihnen gesagt haben: „Mensch, Gerd, groß-
artig!" und auch Leute, die gesagt haben: „Komm' mal mit zur
Jagd!" oder „Wir machen mal dies und das!" Plötzlich waren
die Telefone tot?

Die waren alle tot. Also, die, die noch gesagt haben: „Du
hast gefälligst zu meinem Geburtstag da zu sein." Und ich
dann gesagt habe: „Ich muss zum Training!" „Du trainierst
heute gar nicht! Das lege ich fest! Hier sauf'!" Ich sag': „Ich
bin mit 'm Auto hier!" „Dann sag', wenn Du gesoffen hast,
Du warst bei mir auf 'm Geburtstag. Dann feierst Du!" Das
sind die, die dann alle wegblieben.

Also führende Genossen der Bezirksleitung?

Ja. (lacht bitter) Tja, ich glaube, ich kann das heute auch gar
nicht mehr so beschreiben. Jedenfalls, es war totenstill. Der
Kopf war leer, als wenn ganz Rostock versunken wäre. Also,
für mich war das unglaublich.

Sie haben das Gefühl gehabt, dass jeder es Ihnen entgegen
schreit: „Du bist raus! Du machst nicht mehr mit!"

Ja, und dann kommen noch solche Begegnungen: Ich hab'
dann, Gott sei Dank, mir vorher schon ein Starkstromkabel
legen lassen und wollte immer 'ne Sauna bauen, bei mir im
Haus unten. Gott sei Dank hatte ich die Genehmigung, die
hätte ich dann ja auch nicht mehr bekommen. Und dann
hab' ich gesagt, dann baust du dir die jetzt. Lass' Dir Zeit!
Und ich hatte dann drum gebeten, dass ich im Klub immer
ab und zu noch mal in die Sauna gehen kann. Da war ich
zweimal. Dann kam der Gleiche, der mir das damals schon

gesagt hatte: „Die Mannschaft möchte nicht mehr, dass Du hier in der Sauna bist!"

In der klubeigenen Sauna?

In der klubeigenen Sauna. „Der Mannschaftskapitän hat darum gebeten, dass Du nicht mehr kommst! Denn, wenn Du da bist, rennen sie alle zu Dir. Und der Kapitän ist doch der neue Kapitän, und der muss doch..." Ach, was seid Ihr für arme Würstchen, habe ich gedacht.

Wie hieß der Kapitän damals?

Michael Mischinger. Aber auch darüber haben wir dann später mal gesprochen.

Was hat er da gesagt?

Ich weiß es nicht mehr, aber ich bin nicht böse. Wenn man als Kapitän das nicht alleine schafft. (lacht) Dann ist er wohl der Falsche gewesen.

Was war eigentlich richtig? Es gibt so viele Geschichten, man hat ja schon viel geschrieben. Sie haben es auch schon öfter erzählt, und es wäre absurd, wenn wir jetzt nicht darüber reden würden. Was waren denn die Gründe, dass es plötzlich einstürzte wie ein Kartenhaus?

Da muss ich ein bisschen ausholen. Wir sprachen ja auch darüber, wie ich mit den Genossen der Staatssicherheit umgegangen bin und wie ich auch streckenweise mit meiner großen Schnauze bei Parteiversammlungen aufgetreten bin. Ich hab' auch darüber gesprochen, dass ich auf dem Haus des Pastors mir 'ne West-Antenne habe bauen lassen, gemeinsam mit ihm. Alles das wurde totgeschwiegen beziehungsweise ich durfte das. Und ich glaube, das Maß war eigentlich voll. Die einen oder anderen haben nur drauf gewartet, auf den i-Punkt. Und der kam dann. Was ist passiert? Meine Frau, zu Recht, reichte die Scheidung ein. Aus ihrer Sicht völlig zu Recht. Ich hatte 'ne Freundin, und das war okay.

Womit wir wieder bei den Versuchungen sind, die jeder erfolgreiche Fußballer kennt. Sie hatten überzogen, zu viele Versuchungen... (Kische lacht)

Zu Recht. Ich habe sie dann darum gebeten, das ein bisschen hinauszuzögern, weil wir die Südamerika-Reise mit der Nationalmannschaft vor uns hatten. Wir waren dann vier Wochen weg. Und ich sagte dann: „Sei so nett. Ich bin ja sowieso nicht da. Du kannst dann alles in Ruhe vorbereiten, bis ich zurückkomme. Denn, wir müssen ja klären, wer bleibt im Haus? Wir müssen sehen, wie wir das machen. Mach' Dir mal Gedanken!" Und meine damalige Frau hat mir was gehustet, hat den Anwalt aufgesucht. Dieser Anwalt hat mir das dann viele Jahre später erzählt, wie das gelaufen ist. Er musste, weil er auch Mitglied des MfS[15] war, gleich Bericht erstatten und das zur Bezirksleitung geben. Ich könnte Ross und Reiter nennen, will ich jetzt aber auch gar nicht. Und dann kriegten die also Mitteilung, und das war ungeschriebenes Gesetz: Wer in Scheidung lebt oder wie auch immer, darf nicht ins nichtsozialistische Ausland reisen. Dann kriegte ich Bescheid, dass ich nicht mitdarf, bin aber selber, nachdem ich das von meiner Frau wusste, dass sie die Scheidung einreichen wollte, zum Klubvorsitzenden hingegangen und habe gesagt: „Ihr müsst das jetzt auch dem DFV mitteilen." Wär's mal dabei geblieben! Mein väterlicher Freund hat dann einen Tag später im Klub angerufen. Dann kam der Klubvorsitzende ganz aufgeregt zu mir: „Du sollst sofort in die Bezirksleitung kommen!" „Na gut, okay!", bin ich hingefahren. Da haben sie mir gesagt: „Pass auf! Du hast schon so viele Dinge für uns gemacht. 10 Jahre Nationalmannschaft. Wir machen hier 'ne Ausnahme. Du kannst trotzdem mitfahren. Erledig. Ich habe für Dich gebürgt." „Schön, das ist ja super!" Und ich Vollpfosten, Vollidiot, war voller Stolz, dass die meine Leistung auch anerkannt haben und mein Verhalten, obwohl ich auch so oft aus ihrer Sicht so'n Bockmist gebaut habe, aber trotzdem so anerkannt war, ich war froh. Und ich weiß es bis heute nicht, warum ich dann erst noch mal nach Hause gefahren bin. Ich weiß es wirklich nicht. (wirkt energisch, aber auch fast schon ratlos) Das muss irgendwas gewesen sein, was ich holen wollte oder hinbringen, ich weiß es nicht mehr. Auch wieder völlig erstaunlich: Meine Frau war zu Hause, die sonst eigentlich auf Arbeit war. Ich weiß auch nicht, warum.

Wollten Sie vielleicht Ihren Pass holen?

Es kann sein.

Sie kommen nach Hause...

Ich komme nach Hause. Da macht sie die Tür auf. Ich wollte mit 'm Schlüssel aufschließen, und da macht sie die Tür auf. Und statt einfach nur reinzugehen und rauszugehen, sage ich: „Hä hä, hast Dein Ziel nicht erreicht! Die glauben mir doch mehr als Dir!" Und dann kommt dieser Satz, den sie gesagt hat: „Ja, ich wusste ja schon immer, dass Du so'n Stasischwein bist!" Ich, der nun mit denen wirklich nichts am Hut hatte, sondern selber mit denen noch gekämpft hab'. Und dann hab' ich leider ausgeholt... Dann ist sie zu ihren Kollegen gegangen. Und es stimmt, da war auch ein Veilchen. Da ist sie zu ihren Sportmedizinerkollegen gefahren, hat sich untersuchen lassen. Der Parteimensch dort hat sofort in der Bezirksleitung angerufen. Das dauerte keine zwei Stunden, da war ich wieder draußen. Von dem Tag an lief die Maschine. Das war der i-Punkt. Dann kamen sie alle. Keiner hat mich mehr gerettet.

Auch nicht der väterliche...?

Auch nicht der väterliche Freund. Auch nicht Egon Krenz. Keiner mehr. Das Maß war voll, glaube ich.

Ihr letztes Oberligaspiel war dann gegen Zwickau?

Ja.

Welche Bilder haben Sie dazu noch im Kopf?

Den Elfmeter, den ich geschossen habe, und „Croyer"[16] ist vorher schon in die andere Ecke gesprungen.

Kurioserweise gibt es von Ihrem Tor im DDR-Fernsehen keine Bilder mehr. Als Torschütze werden Sie auch nicht genannt.

Ich weiß ja, wie das zustande gekommen ist. Es war verboten, meinen Namen zu nennen, in den letzten Spielen. Es war verboten, mich überhaupt noch zu zeigen. Es war verboten, in der „Fuwo", so hieß ja die Wochenzeitung „Fußballwoche", überhaupt was über mich zu schreiben. Die haben sogar die Aufstellungen „aus Versehen" vergessen, dann in den letzten Spielen. Also, ich war völlig erledigt.

Was heißt „Aufstellung vergessen"?

In der Nachberichterstattung. Da steht ja immer die Mannschaftsaufstellung. Die fehlte dann.

Haben Sie sich in ihren kühnsten Träumen vorstellen können, was es heißt, wenn Sie fallengelassen werden?

Nicht in den kühnsten Träumen. Nein! Und wie schlimm

das dann wirklich war, das erst recht nicht. Dass man mal zur Ordnung gerufen wird, und dass man vielleicht vorher auch schon mal 'nen Wink bekommt, das schon. Aber das war dann ganz anders. Je schlimmer ich manche Dinge gemacht hab', desto mehr haben sie es zugedeckelt. Das war grauenvoll, aber sicher verdient.

Wie oft haben Sie sich Vorwürfe gemacht, dass eine „menschliche Schwäche" oder sehr irdische Dinge Sie eigentlich da hingetrieben haben? Nach dem Motto: „Ach, hätt' ich doch? Wie blöd war ich denn?"

Es nützt ja nichts. Es ist geschehen.

Das kennen wir alle irgendwo, bis zu welchem Ausmaß, aber dass man sich sagt: „Geht's denn noch? Warum hab' ich mich da so...?"

Ja, weiß der Teufel, wer mich da geritten hat. Wenn's das nicht gewesen wär', wäre es vielleicht was anderes gewesen.

Da wollte ich hin mit der Frage: Ob nicht einige auch gewartet haben, jetzt kriegen wir ihn! Wir können ja konkrete Namen nennen. Also, Sie waren bestimmt nicht so eng befreundet mit Herrn Ewald?

Nee, überhaupt nicht.

Also, um es mal ganz konkret zu machen: Ich glaub', da waren genug Leute, die am Waschbottich standen...

...die haben nur drauf gewartet.

...und hatten die Kernseife in der Hand: Jetzt wird Wäsche ge-
waschen! Wie haben Sie das im Nachhinein erlebt? Das war
vielleicht besonders schlimm, dass man sagt: Glaub' ich es denn?
Da wechselt einer die Straßenseite oder dreht sich abrupt weg?

Es gibt ja in dieser Situation, die wirklich beschissen genug
war, um das mal deutlich genug zu sagen, nur zwei Möglichkeiten: Entweder, ich lass' mich so hängen und gehen, wie
zum Beispiel „Mäcki" Lauck[17], der dann in der Gosse gelandet ist, als ehemaliger Nationalspieler oder es gibt ja auch
im Ausland welche, denen das passiert ist. Oder ich sage:
Scheiße! Hast da 'nen Fehler gemacht. Hast du dir auch selber eingebrockt. Das hast du auch möglicherweise zu sehr
provoziert. Du hast sie gereizt, den einen oder anderen, der
zahlt dir das jetzt heim. Jetzt musst du diese Situation meis-
tern. Du musst damit umgehen. Du musst jetzt Gras drüber
wachsen lassen. Du musst dich selber neu ordnen. Und mal
sehen. Ich hatte das Studium beendet, ich hatte alle Voraussetzungen, um auch was anderes zu machen. So eng und
einseitig war ich nie, ich hab' mich mit sehr vielen Dingen
beschäftigt, habe auch Berichte geschrieben über Südamerika, damals schon zwischen Anden und Kordilleren. Und da
hab' ich mir gesagt: Irgendwas wirst du schon machen. Aber
eins musst du lernen: Leg' dich jetzt nicht mehr mit denen
an! Jetzt musst du mal die Klappe halten. Jetzt musst du mal
dein eigenes „Ich" zwar nicht völlig umkrempeln, aber jetzt
hast du verloren.

War das auch so ein bisschen, dass es dem Esel vielleicht...

...zu gut, ja...

...zu gut wurde? Da ging er aufs Eis und wollte tanzen.

Ja. Sicher ist das so. Und wenn man dann nicht selbstkritisch genug ist und sagt, ja, so war es. Und der Höhepunkt an dieser ganzen Geschichte war dann, dass ich zur Staatssicherheit geladen wurde, und das ist dann, glaube ich, das Ende, und man mir gesagt hat: „Es können schwere Unfälle passieren. Wir wollen' s ja bei Dir nicht hoffen! Du hast so viel erlebt in diesem wunderschönen Land. Wir möchten nicht, dass das jeder weiß und erfährt." Spätestens da wusstest du, was die Stunde geschlagen hat.

Das ist ja 'ne unverhohlene Morddrohung!

Das ist unverhohlen. Und das haben sie ja bei vielen gemacht, also ich bin da ja keine Ausnahme. Aber, Tür zu, und dann sitzen da so zwei und sagen dir lächelnd: „Einen zweiten Böhme wird es nicht geben!" Da musst du schon standhaft sein.

Stürzt da eigentlich 'ne Welt ein? Man weiß, dass es so etwas gibt: Eigendorf[18] und Co., darüber müssen wir gar nicht reden. Aber das so unverblümt gesagt zu bekommen: „Wir machen Dich einen Kopf kürzer, Genosse!" Sagen Sie, fliegt einem da nicht alles in die Luft? Was soll denn das jetzt hier? Alles, was bisher im Parteiprogramm stand oder was man dir sagt, dass wir angeblich die Besseren auf dieser Welt sind...

Ich hab' ja die andere Seite schon kennengelernt. Es war ja nicht so, dass ich so ein artiger Genosse war, der nie im Ausland war, sondern dann pünktlich auch beim Parteilehrjahr war, was weiß ich, oder Parteischule gemacht hat. Das war ich nicht. In der Nationalmannschaft habe ich die Kehrseite dieser sozialistischen Demokratie kennengelernt. Wie soll man denn daran glauben, wenn man auf der einen Seite hört, es ist verboten, Westgeld zu haben. Und auf der anderen Seite kriegst du das von den Leuten, die das verbieten, selber in die Tasche gesteckt?!

Und die Leute, die es dir in die Tasche stecken, versuchen, auch möglichst viel für sich dabei rauszuholen...

Also, diese ganze Korruption. Ich hab' ja das kennengelernt. Auch Aussagen von Staatssicherheitsleuten, auch damals, in der Nationalmannschaft. Insofern war das für mich nichts Besonderes. Aber, wenn dir das an den Kopf geschleudert wird, dann zuckst du doch erst mal ein bissel zusammen. Ich will das nicht schönreden hier...

Auf jeden Fall wussten Sie jetzt, woran Sie waren. Wer hat Ihnen geholfen, aus dieser Situation herauszukommen?

Ich mir selber. Erst mit dem Durchbeißen und einfach dann auch ein paar Dinge anders machen. Einfach die Klappe halten, weil es nicht anders geht und wieder langsam Erfolg haben, irgendwo. Und das habe ich dann Schritt für Schritt wieder gemacht. Und da half auch der Sportler in mir.

Wie waren so die ersten Wochen danach, nach Ihrem Rauswurf? Sie mussten dann relativ schnell zur Armee.

Ungefähr ein halbes Jahr danach.

Wie war das? Haben Sie dort auch bei Null angefangen, sagen

wir mal wie „Otto Normalverbraucher", oder waren Sie da auch noch der frühere Fußballprofi des FC Hansa, der dort angeheuert ist?

Das war die erste Station wieder, wo ich geglaubt oder gespürt habe, dass das, was dazwischenlag, gar nicht war. Dort wurde ich aufgenommen und war wie der damalige Nationalspieler, weil ich dieser Truppe helfen sollte in Stahnsdorf. Und selbst, wenn dann so ein General kommt und dir die Karte gibt, dass du zu jeder Zeit raus- und rein konntest. Und das private Auto und der Personalausweis nicht abgenommen wurden, sondern die zivilen Klamotten da hingen und ich zu jeder Zeit nach Hause fahren konnte. Dann hast du doch gemerkt, die haben das noch honoriert oder bei denen war das nicht so wie in Rostock.

Dort gab es noch einen Bonus...

Ja, einen richtigen...

Das war nicht nur ein Bonus. Also, wer in der DDR gedient hat, der weiß, dass du wirklich alles abgegeben hast. Und Sie waren quasi mehr als ein Freigänger. Sie mussten ja nicht mal zum Einschließen abends wieder rein. Das zeigt natürlich schon, dass man damit noch anders umgegangen ist. In dieser Zeit, die Freundin Angelika, glaube ich, war das damals. Wie wichtig war das? Dieser Halt, dieses Kleine, diese Familie... Wie weit konnte man sich darauf verlassen? Oder sind Sie jemand, der sich vielleicht auch gar nicht helfen lassen will?

Na ja, da war ja die Geschichte mit Barbara, mit meiner ersten Frau... Und dann hat mir Angelika sicherlich geholfen, aber ich bin ja auch so'n Dickkopf. Warum sollte sie? Sie kann ja nichts dafür. Ich hab' sie da nie mit reingezogen. Ich habe versucht, das alleine zu regeln. Da, wo sie konnte, hat sie schon geholfen, aber sie ist mit diesen ganzen Dingen gar nicht so vertraut gewesen. Was weiß sie über die Machenschaften in der Partei oder bei der Staatssicherheit oder im Sport? Da wollte ich sie auch gar nicht haben. Und was man mir dann an den Kopf geworfen hat! Ich solle schön den Mund halten, sonst könnte mal ein Unfall passieren und all solche Dinge. Die musste ich ihr ja damals nicht erzählen. Das hätte sie zusätzlich beunruhigt.

Jetzt sind Sie also im real existierenden Sozialismus, im wahrs-

ten Sinne des Wortes, wirklich angekommen. Auch, was das Arbeitsleben angeht: Sie landeten im Wohnungsbaukombinat Rostock.

Ja.

Wie war das so die ersten Tage? Das muss ja wirklich wie zwischen Himmel und Erde gewesen sein. Also, Sie waren ja schon gut sortiert. Sie sind in einer Leitungsebene aufgetaucht. Sie sind von der Armee zurückgekommen, nach paar Monaten, und dann haben Sie sofort bei dem Wohnungsbaukombinat angeheuert?

Vorher schon.

Okay.

Als ich rausgeflogen bin, war ja die Zwischenstation Neubrandenburg, wo ich wieder rausgeflogen bin, weil Ewald das nicht wollte. Dann bin ich hier in Rostock ins Wohnungsbaukombinat gekommen, hab' dort ein halbes Jahr gearbeitet und bin dann zur Armee gegangen. In der Zeit habe ich auch bei TSG Bau in dieser Mannschaft noch ein wenig Fußball gespielt. Und dann war ich im Büro des Kombinatsdirektors, also so ganz unten haben sie mich dann doch nicht angesiedelt. Aber ich wär' lieber nach unten gegangen. Denn diese Lügereien, die haben sich ja nahtlos fortgesetzt. Ich hab' das, glaube ich, schon mal gesagt, ich sollte Reden schreiben, das ging überhaupt nicht. Da wurden dann Wohnungen verkauft, da war noch nicht mal das Fundament da, für die Planerfüllung. Das war für mich die schlimmste Zeit. Und dann habe ich immer gequäkelt:

„Es ist nicht mein Ding!", war ständig hin- und hergerissen. Der oberste Gewerkschaftsboss, der Parteichef und der Kombinatsdirektor, die haben sich jeden Montag so die Taschen vollgehauen. Du konntest nicht hinhören! Und dann habe ich darum gebeten, was anderes zu machen. Irgendwas. Und dann hat man gesagt, 8. Parteitag, glaube ich, war das: Konsumgüterproduktion. Und dann habe ich gesagt: „Egal. Ich mach' das." Dann wurde ich verantwortlich gemacht für die Entwicklung der Konsumgüterproduktion in den Betrieben. War mir völlig egal. Ich konnte alleine machen, was ich wollte, mit Zustimmung des Kombinatsdirektors, beziehungsweise des Stellvertreters konnte ich dann da was entwickeln. Und Sie werden sich jetzt totlachen: Das Erste, was ich habe herstellen lassen...

Na?

... waren Kinderroller. (Schmunzeln in der Runde) Weil es in der DDR keine gab. Ich hatte immer Kontakt zu den Kindergärtnerinnen, die hatten keine ganz normalen Roller. Die haben gesagt, die kriegst du nicht, weil es da farbliche Schwierigkeiten gab, die Kinder dürfen nicht... Ach, da gab es einen Haufen Beschränkungen durch die Hygiene, und was weiß ich. Hab' ich hingekriegt, mit Hilfe meiner Kumpels. Damals war das ja noch sehr eng. Dann habe ich mir aus Riesa das geholt und Holz daher geholt. Dann hat mir irgendein Kumpel aus der Nationalmannschaft da geholfen, und dann wurden die Roller produziert. Ich hatte meine Ruhe und wusste natürlich, was das für 'n Schwachsinn ist.

Man muss sich das mal vorstellen. Ein Baubetrieb, ein Riesenbaukombinat damals, hat, damit halbwegs die Versorgung

*funktioniert, Konsumgüter, die Güter für den Konsum, herge-
stellt.*

Ja, richtig.

*An sich auch schon wieder absurd, denn eigentlich sollte dieses
Kombinat Häuser bauen.*

Ja, aber die haben so viel Überschuss an Häusern gehabt,
dass sie sich um das andere auch noch kümmern konnten.
(lacht)

*Der real existierende Sozialismus. Haben Sie da auch mal auf
den Tisch gehauen? Konnte man das in der Situation überhaupt?*

Ich war ja gewarnt, und das hatte ich eigentlich immer im
Kopf. Und trotzdem ist mir eines Tages der Kragen geplatzt,
gerade bei so einer Veranstaltung, als ich dann schon Direktor war. Ich bin ja dann in das ITV, das Ingenieur-, Tief-
bau- und Verkehrskombinat, gegangen, abgeworben vom
Wohnungsbaukombinat. Dort ist mir einmal der Kragen
geplatzt, als ich Direktor für Ökonomie war. Da hat der
Parteisekretär irgendwas gesagt, was wirklich von vorne bis
hinten gelogen war. Und dann habe ich gesagt: „Wenn wir
uns hier weiter so belügen, dann wird das überhaupt nichts.
Ich stell' mir immer vor, im Fußball nach 90 Minuten steht
es 1:0 für den Gegner. Und dann geht einer von uns, obwohl der Schiedsrichter schon abgepfiffen hat und schießt
noch dreimal ins Tor, und anschließend haben wir noch gewonnen. Aber so einen Schwachsinn praktiziert Ihr hier!"
Und dann hat er versucht, mich Maß zu nehmen. Dann haben wir uns beide vor versammelten Direktoren angebölkt.

Und dann bin ich wirklich noch mal zu alter Form aufgelaufen und hab' ihm gesagt: „Weißt was, Du solltest weniger Schnaps trinken in der Arbeitszeit!" All solche Dinge, und dann hat er gesagt: „Du kommst nachher sofort zu mir!" „Ich zu Dir? Spinnst Du? Was bildest Du Dir eigentlich ein? Aber ich mach' Dir 'n Vorschlag. Ich rufe jetzt den zweiten Sekretär der Bezirksleitung an", also meinen väterlichen Freund, „treffen wir uns da. Gar kein Problem!" Totenstille im Raum. Da haben einige gesagt: „Kische, bist Du wahnsinnig?!" Und dann hat der Kombinatsdirektor das beendet, nach diesem Disput und kam zu mir. Und dann sagt er: „Mensch, ruf' den Parteisekretär doch jetzt an! Klärt das unter Euch!" „Nix!", sag' ich: „Kommt gar nicht in Frage! Das einzige, was ich jetzt mache, ich rufe jetzt in der Bezirksleitung an und sage besorge uns einen Termin. Dann können wir uns da weiter unterhalten." Das hab' ich dann auch gemacht. Das wiederum erfuhr der Parteisekretär. Und dann ist er zu mir mit 'ner Flasche Schnaps hochgekommen, und danach waren wir dicke Freunde. Für einen Monat. (lächelt)

Wie realistisch waren eigentlich die führenden Genossen auf Bezirksebene?

Die wussten schon, um was es ging. Die haben streckenweise auch das Beste draus gemacht, beziehungsweise an sich gedacht. Die wussten ganz genau, wie da Autos, wie Möbel hin- und hergeschoben wurden. Wir haben das doch erlebt, wenn wir auf der Jagd auch genug getrunken hatten. Da hätte man nicht zuhören dürfen. Na ja…

Sie waren Direktor für Ökonomie im Ingenieur-, Tiefbau- und Verkehrskombinat (ITV). Was hat Sie eigentlich für diesen Job

qualifiziert? Wir haben natürlich jetzt vor allem über den Fuß-
baller Gerd Kische gesprochen. Sie haben es am Rande erwähnt,
dass Sie studiert haben. Welche Qualifikationen haben Sie sich
während Ihres Studiums für diese neuen Jobs in der DDR-
Wirtschaft angeeignet?

Eigentlich gar keine. Aber sie wussten alle, dass ich mich
durchsetzen kann, und sie wussten alle, dass ich bestimmte
Kontakte habe: Also, wenn es um Klinker ging oder ob es
um Zement ging, dann konnte ich zum Bezirksbauamt gehen. Die haben das besprochen mit dem Bezirksbaudirektor,
und ich hab' was bekommen. Oder ich konnte nach Riesa
fahren und hab' Stahl besorgt. Das wussten sie. Und das
andere habe ich mir angeeignet, beziehungsweise habe ich
starke Abteilungsleiter oder Hauptabteilungsleiter gehabt.
Auf die konnte ich mich verlassen. Die haben immer gesagt:
„Komm, wir machen Dir alles. Halt' Du uns den Rücken
frei und mach' Du! Seitdem Du da bist, wagt auch der Produktionsdirektor nicht mehr zu sagen: 'Ihr habt das einfach
zu machen'!" Sonst war immer der Produktionsdirektor der
starke Mann da. Und das hat mir dann Spaß gemacht. Dadurch konnte man natürlich auch sehr viel lernen. Und in
dem Alter, glaube ich, war ich auch noch lernfähig.

Also „learning by doing", wie man neudeutsch sagt.

So ungefähr. (schmunzelt)

Haben Sie irgendwann mal das Gefühl gehabt, dass das nicht
lange gut gehen wird?

Ja.

Denn, wenn Sie erzählen, klingt das ja wie Tauschwirtschaft?

Ja.

Und vieles war ja auch so.

Das habe ich gewusst. Das konnte nicht gut gehen. Ich habe Ihnen auch schon mal gesagt, dass ich einen Brief an meine Mutti geschrieben habe, an meine Eltern und hab' da schon gesagt: „Du kannst die Leute nicht einsperren!" Und in den Kombinaten, das war mir völlig klar, das ging nicht. Immer diese Tauschgeschäfte, das geht nicht. Das ist keine vernünftige Basis. Keine Kontinuität. Dass das dann 1989 schon so weit war und so schnell kam, ahnte natürlich keiner.

Es heißt, dass die roten Zahlen beim ITV durch Gerd Kische verschwanden. Das hatte er hinbekommen. War das auch so eine Art Fußballspiel, quasi im Kleinen?

Ja, ja, also wir haben beim ITV ständig unter der Knute des WBKs, des Wohnungsbaukombinates, gelitten. Das WBK waren ja die, die dann das Endprodukt übergeben haben. Wir waren immer die, die Straßen gebaut haben und unten in der Erde waren, das war nicht so ganz wichtig. Und auch die Fonds wurden immer so ausgereicht, dass erst mal das WBK davon profitierte. Wir hatten keine Verbindlichkeiten, also keine Schulden mehr. Aber warum? Weil da plötzlich ein Kerl war, mit dem die geredet haben im Bezirksbauamt. Und dann hab' ich also ein Pendant gehabt zum WBK, der war aus ihrer Sicht nicht ganz so viel wert. Mit mir haben sie sich dann auch gezeigt. Ob das alles richtig ist, weiß ich nicht. Aber ich hatte überhaupt kein Problem. Wir hatten richtig gutes Geld. Nicht, dass es jetzt so klingt, als wenn ich der große Retter wäre. In dem Falle hat es geklappt, in anderen Fällen auch für mich ging es richtig schief.

Haben Sie dann im Herbst 1989 gedacht, dass nun alles besser wird? Oder wie haben Sie die Wendetage erlebt?

Also, ich hab' vor 'm Fernseher gesessen und habe zu meiner Frau gesagt: „Das ist der Anfang vom Ende der DDR." Die hat mich nur angeguckt. Aber davon war ich überzeugt. Total. Ja, und dann hab' auch ich das Beste draus gemacht. Also ich will mich hier nun nicht hinstellen und mir einen Heiligenschein draufdrücken. Das, was mich allerdings unglaublich nachdenklich gestimmt hat, war, der Kombinatsdirektor und weitere Fachdirektoren und Betriebsdirektoren, da konntest du gar nicht so schnell gucken, wie die weg waren und bei westlichen Firmen angeheuert haben, ihren eigenen Laden verraten haben. Das war schon sensationell! Das ist menschlich für mich schon enttäuschend gewesen. Und eins kann ich wieder sagen: Noch jemand, der damals amtierende Kombinatsdirektor und ich als Direktor Ökonomie, wir waren die Letzten und haben den Laden solange hochgehalten und alles verteilt, was zu verteilen war. Dann habe ich den Leuten auch noch sechs Monate Geld gezahlt, Überbrückungsgeld. Es ist schon erstaunlich, dass wir uns das getraut haben, aber wir haben das einfach gemacht. Und dann hatte ich aber zwischendurch auch schon engen Kontakt zu einer westlichen Firma, weil die mich haben wollten. Und da habe ich dann auch parallel gearbeitet und auch parallel verdient.

Na gut, die wollten ja auch Fuß fassen. Die wollten rein in den Markt.

Richtig, und es war ja viel rauszuholen bei uns.

Oh ja, und die Treuhand hat dann geholfen.

Ja.

Sie sagten ja, dass viele Leitungskader fast Fahnenflucht begangen haben. Es gab Parteiversammlungen im September und Oktober in diesen Tagen, da hast du plötzlich Leute erlebt, die also ein paar Wochen vorher noch so was von knallrot waren, dass die Augen geblendet waren, die haben plötzlich die Dokumente, die Parteibücher aus den Taschen gerissen, die Finger haben geradezu gebrannt vor Schmerz, und sie konnten sie gar nicht schnell genug weg werfen. Haben Sie so was auch erlebt?

Ja. Die, die noch in der DDR-Fahne nachts geschlafen haben, die haben plötzlich jedes andere Betttuch gehabt. (Lachen in der Runde) Das habe ich damals auch gesagt, das ist der Beweis dafür, dass es nicht gut gehen konnte. Die waren doch nicht sauber, auch im Herzen nicht. Die wenigsten waren doch echt überzeugt. Und nun komm' ich mal wieder auf meinen Parteisekretär zurück. Ich glaube, das habe ich auch schon mal erzählt. Der hat nicht nur Wasser gepredigt, der hat auch wirklich Wasser gesoffen. Der war verblendet. Der wollte nicht wahrhaben, dass das korrupt war, das ganze System. Also, es gab schon einige, die wirklich dran geglaubt haben, dass der Sozialismus/Kommunismus für die Menschen das Beste ist. Aber neunzig Prozent, behaupte ich mal, haben den Hals so schnell gedreht, so schnell konntest du gar nicht gucken.

Was denkt man dann, wenn man heute auf die letzten Jahre schaut, Sie als Unternehmer und dann auch später bei Hansa: Wie wichtig waren diese Wendezeiten? Waren das Lehrjahre?

Na klar. Sogar sehr. Denn da hast du doch gemerkt, dass du dich kaum auf irgendjemanden verlassen kannst. Und wenn ich bedenke, dass der westliche Teil Deutschlands so korrupt war, eigentlich eine „untergehende Demokratie". (schmunzelt)

So stand es in den DDR-Geschichtsbüchern...

So stand das drin. Und als wir nun untergegangen sind und ich unsere Menschen kennengelernt habe, wie sie auch danach gehandelt haben. Wie sie sich gegenseitig verraten haben, wie sie sich gegenseitig beschuldigt haben, um nur vielleicht noch ein bissel mehr Geld zu verdienen beziehungsweise eine bessere Stelle zu bekommen. Da hast du doch den Glauben verloren. Gut, ich hab' dann schon sehr aufgepasst, mit wem ich was zu tun hatte und mit wem ich mich eingelassen habe. Und selbst da fällst du immer noch mal wieder hinten runter und täuschst dich.

Sie kann man ja nicht mal fragen: Was haben Sie mit dem ersten Westgeld gemacht? Denn das hatten Sie ja lange hinter sich? (Gelächter in der Runde)

Also, normalerweise hätte ich mein erstes Westgeld für den AF 135 ausgegeben, den ich ja damals geschenkt bekommen habe, also dieses Bauteilchen in Österreich.

Wir haben ja dann den Umtauschkurs gehabt. Alle, die es erlebt haben, werden sich dran erinnern. Hatten Sie zu tauschen? Sie müssen auch nicht antworten.

Das wär' jetzt völlig gelogen, wenn ich sagen würde, mein Konto wäre leer gewesen. (lacht) Aber es hat mir nicht weh getan. Es hat gut geholfen. Alles in Ordnung! Ich hatte von dem einen einen Teil, da musste ich nicht umtauschen, und bei dem anderen war es gut. Ruckzuck war das Haus, das große Haus, dann schuldenfrei, sofort. Mich hat das nicht gestört.

Sind Sie ein Wendegewinner, mit Blick zurück?

In jedem Fall!

Ich meine das nicht negativ.

Nee, nee. Man muss natürlich auch was dafür tun. Ich hab' dafür auch Verantwortung übernommen und hab' dafür auch viel Prügel bekommen. Aber mir hat das Spaß gemacht. Und alle negativen Dinge, die gehören auch dazu.

Haben Sie es verstanden, dass aus dem Ruf „Wir sind das Volk" ganz schnell der Ruf „Wir sind ein Volk" geworden ist?

Wenn ich jetzt wieder sage, das klingt alles so... Ich glaube bis heute nicht dran, dass wir ein Volk sind.

Warum nicht?

Weil das vielleicht wirklich noch 'ne Generation dauert. Weil noch zu viele Dinge so anders sind, im täglichen Leben. Das ist nicht so.

Hmh.

Vielleicht kommt es. Ich wünsche es den Kindern in jedem Fall.

War da nicht da der Wunsch auch mit „Wir sind ein Volk": Wir wollen jetzt endlich ganz schnell Deutsche sein, Deutschland sein, wir wollen auch ausreichend Bananen?

Wir wollten das richtige Geld haben. Wir wollen reisen. Wir wollen, wir wollen, wir wollen... Und am besten so arbeiten wie in der DDR (lacht), aber alles genießen. Das muss man doch auch ehrlicherweise sagen. In den Kombinaten, wenn ich mich darüber aufgeregt habe, dass sie nicht acht Stunden gearbeitet haben, sondern vier, und keiner hat was gesagt. Und wenn du was gesagt hast, hast du noch Prügel bezogen, weil du die Arbeiter angepackt hast. Dann haben die sich rausgeredet, sie haben kein Material. Auf der Baustelle ist immer was zu tun, und wenn du nur aufräumst. Wie oft sah das aus wie Kraut und Rüben? Durftest nichts sagen. Also, okay. Viele haben dann auch darunter gelitten, wie knallhart die Arbeitszeit in dem anderen System ist.

Und dann gab's ja in der Wendezeit auch noch so Ideen von einem „Dritten Weg", also die Geschichte irgendwie so hinzukriegen, dass wir 'n bisschen was aus dem Westen nehmen, bisschen was von der DDR erhalten und irgendwo dazwischen uns durchlavieren: Halbschwanger. Wir wissen, dass das rein

biologisch schon nicht geht. Aber wie haben Sie das erlebt? Sie ganz persönlich?

Ich halte das für einen absoluten Blödsinn. Entweder oder. Und es ist nun mal so: Wenn du den Krieg verlierst, dann schreiben die anderen die Geschichte. Da kannst du heißen, wie du willst. (lächelt) Egal, welche Pappnase von uns da auf der anderen Seite gesessen hat... Keine Chance!

Haben Sie darüber auch mal mit Egon Krenz geredet?

Ja klar, habe ich mit Krenz darüber geredet. Das ist noch nicht lange her. Aber es ist sinnlos.

Auch während der Oktober- und Novembertage? Krenz hatte da wahrscheinlich auch andere Sorgen, als neuer Staatschef und Parteivorsitzender. Hatten Sie da Zeit, miteinander zu reden?

Nein. In dieser Zeit überhaupt nicht. Ich habe etwas später sehr viel mit Krause gesprochen, weil der Günter damals auch oft im Stadion war. Aber der war ja damals auch davon überzeugt: „Ich mach' das hier, aber in meinem Interesse."

Und wenn die Putzfrauen nicht wären, wäre manches einfacher gewesen. Obwohl das auch ein weites Feld ist.[19]

Na ja, ich glaube, wenn man so auftritt und 1,62 m groß ist, dann darf man sich nicht wundern, dass man viele Feinde hat, zumal man noch aus dem Osten kommt. Vielleicht wollten das auch einige nur so. Die Putzfrau ist doch lächerlich. Vielleicht: Viele Hunde sind des Hasen Tod? (schmunzelt)

Ja. So schnell kann fast gar keiner laufen, wenn der Tod beschlossen ist.

So ist es.

Darum geht man ja auch zur Jagd.

Tja, deswegen.

Sind Sie zu der Zeit noch zur Jagd gegangen?

Ja.

Jäger immer gewesen?

Bis zur heutigen Zeit.

Wie häufig haben Sie Zeit gehabt, in der Wendezeit '89/'90 noch ins Stadion zu gehen? Oder haben Sie eigentlich zum FC Hansa, um mal auf das Sportliche zurückzukommen, gar keine Beziehung mehr gehabt?

Wenig. Wenn dir einer sagt, du sollst den Raum nicht betreten, weil die Spieler das nicht möchten oder du darfst nicht mehr in die Sauna gehen. Also, sorry, ein bissel Stolz habe ich ja nun auch noch. Und wenn du siehst, was da so passiert, gut. Aber dann hat sich das ja geändert. Als ich im Skiurlaub war, und man mir dann gesagt oder gefaxt hat, was aus dem FC Hansa werden soll, da gibt es so Verträge mit Bremen und, und, und... Ich bin nach meinem Skiurlaub dann sofort in die Geschäftsstelle zu dem damaligen Vorsitzenden gegangen und hab' meinen ganzen Mut zusammengenommen, war stinkewütend und hab' gefragt, was das alles soll hier.

Warum hat es Sie im Skiurlaub erreicht, der Sie ja eigentlich sagten: „Nee, Hansa nicht. Ich darf nicht in die Dusche, die wollen mich da nicht sehen..."

Ja.

Und jetzt in der Wendezeit versuchten die eh', ihr Süppchen zu kochen. War da das Hansaherz einfach stärker?

Ein guter Freund von mir hat damals in der Presseabteilung gearbeitet und hat mir das rübergefaxt und gesagt: „Wir wissen nicht weiter, wir trauen uns nicht, wir können nicht, wir haben niemanden. Alle machen sie mit. Ob der nun Wimmer heißt oder Kehl oder Pischke, die lassen sich von Bremen über den Nuckel ziehen. Und hier ist noch der Trainer dazu. Da ist auch noch so'n Vizepräsident Harms, und so'n Assessor, und die machen den ganzen Verein verrückt. Kannst Du nicht?" Da fühlte ich mich dann doch so 'n bisschen gebauchpinselt und bin hingefahren. Da gab es einen mörderischen Krach. Da wollte mich Robert auch noch rausschmeißen, nicht nur aus dem Office, sondern auch aus dem Verein. Aber dann habe ich mir Verbündete gesucht. Es musste dann ja auch der „e.V." gegründet werden. Und nachdem ich da auch Gründungsmitglied geworden bin....

Ich frage jetzt mal nach für die, die es nicht wissen: „e.V." also?

Eingeschriebener Verein. Dann kriegte ich Oberwasser. Dann begann das Stühlerücken. Ich habe dafür gesorgt, dass Wimmer da erst mal verschwindet und Kehl. Dann gab es Auseinandersetzungen. Dann haben alle die, die geglaubt haben, der FC Hansa gehört ihnen, die ganzen Fanartikel verhökert und was weiß ich. Das begann dann so. Und so bin ich langsam wieder eingestiegen und hab' versucht, für den FC Hansa als Wettbewerber aufzutreten, gegenüber Werder Bremen und hab' dann dem Lemke das zerrissene Papier zurückgeschickt, diesen Kooperations- und Werbevertrag. Und seitdem war ich dann natürlich auch Mode in allen Medien, was ich mir einbilde. Damals haben auch unsere Ostdeutschen, die mir noch zugejubelt haben, unsere Rostocker, die haben denen mehr geglaubt als mir.

Waren Sie damals schon erster Vizepräsident?

Dann war ich erster Vizepräsident. Aber als ich dann das mit Lemke gemacht habe, war ich schon Präsident. Ich war ja nur ein halbes Jahr Vize.

War es so eine berechtigte Hoffnung auf eine neue Karriere? Etwas, was Sie können, was Sie schon mal gemacht haben, dieser Weg, der sich fortsetzt? War das mehr das Hansaherz, was auch gebrannt hat? Wie sehen Sie das heute? Das ist wahrscheinlich 'ne Mischung aus beidem.

Ja, einmal dieser Profifußball, den wir als Spieler indirekt ja, aber nicht so direkt erlebt haben, mit der Möglichkeit, frei zu entscheiden. Es ist auch noch ein Unterschied. Du warst ja immer in der Klemme, auch in unserer National-mannschaft. Da konntest du mit einem Strich ausgelöscht werden. Und auch, um dem FC Hansa zu helfen und wieder mal reinzukommen, in dieses Milieu, wo ich mich zu Hause gefühlt habe. Was mir sehr viel Spaß gemacht hat als Spieler, aber auch ringsum. Und da habe ich mir gesagt, Du kennst so viele. Ich habe zwischendurch auch in der Europaauswahl und in der Weltauswahl paar Spiele gemacht, mit denen. Ja, ich wollte es. Also, eine Mischung aus vielen Dingen. Aber, es hat mir damals Spaß gemacht, und ich würde es heute wieder tun, auch wenn der FC Hansa dann später leider einen ganz miserablen Weg gegangen ist bis zum heutigen Tage. Und meine Kinder haben natürlich auch darunter ge-litten, und ich selber habe sicherlich auch ein paar Nerven verloren. Die ganzen Anfeindungen sind natürlich nicht schön. Ich würde es trotzdem wieder machen, weil das dazu gehört. Wenn du dann den Finger hebst, dann musst du auch damit leben können, dass das passiert. Und nicht sol-

che Weicheier wie heute, die sich verkriechen, die sich nicht mal trauen, sich zu stellen.

Noch mal der Blick zurück: Also diese Sache damals mit Bremen und der Vertrag, der da mal eben fein zerrissen zurückging. Es war wirklich ein Unding, wenn man sich zurückerinnert. Die großen Ratschläge kamen ja, und auch nicht alle unberechtigt, von der anderen Seite. Aber Ihr habt versucht, das eigene Ding durchzuziehen. Wer waren da so Partner? Die, die zu Ihnen gehalten haben, die also gesagt haben: Ja, wir gehen den Weg mit, zumindest am Anfang.

Na ja, da habe ich geglaubt, dass ich mit Helmut Herrgesell jemanden hatte und mit Dr. Lemke und mit jemandem, der dann aus der Braunschweiger Ecke kam und auch ein Rechtsanwalt noch. Dann hat sich rausgestellt, dass ich mich auch auf die nicht verlassen konnte. Leider muss ich das auch zu Helmut Herrgesell sagen.

Die wollten ihre eigene Suppe kochen?

Nein, die sind einfach nicht Manns genug. Wenn ich daran denke, dass Herrgesell das mitgemacht hat, was Diestel da abgezogen hat und genau wusste, dass das nicht richtig ist und heute immer noch so tut, als wenn das gar nicht gewesen ist.

Was ist das konkret?

Na, mein Rausschmiss.

Darauf kommen wir dann gleich noch. Sie haben es gesagt, Ende Juni 1991 sind Sie Präsident des FC Hansa geworden, pünktlich zum Aufstieg in die Bundesliga. *Hansa ist letzter DDR-Meister und auch Pokalsieger gewesen. Wie stolz waren Sie da auf den FC Hansa?*

Also, DDR-Meister und Pokalsieger musst du erst mal werden. Da kannst du auf deine Truppe auch stolz sein. Ein bissel relativieren sollte man das doch schon. Aber es ist 'ne feine Sache, zumal man dann auch international spielen darf. Da war so'ne Aufbruchstimmung. Das war schon in Ordnung und sehr schön.

Hätte Hansa ohne den Aufstieg in die Bundesliga überleben können? Nur noch mal zur Erklärung: DDR-Meister geworden zu sein, war ja die Bedingung, in die Bundesliga aufzusteigen. Wir wissen nun, wie es anderen Ostvereinen aus der Oberliga gegangen ist. Hätte Hansa ohne den Aufstieg überleben können?

Ich glaube, dass es dem FC Hansa gegangen wäre, wie vielen anderen Vereinen auch. Dass sie dann erst mal doch einen Absturz erlebt hätten. Ich glaube, wenn wir nicht in der Bundesliga gelandet wären, hätten etliche Spieler, die das Zeug auch hatten, Bundesliga zu spielen, uns verlassen. Aber diese Euphorie auch und dieses Neue, die faszinierende Bundesliga, hat die Truppe zusammen gehalten. Und deswegen ging das auch recht gut. Ansonsten wären wir vielleicht da, wo andere Ostvereine gelandet sind.

Um das vielleicht noch mal in Relation zu setzen: Hansa sollte ja durch den Vertrag mit Werder Bremen so eine Art Depen-

*dance werden. Werder Bremen als die Zentrale und Hansa –
dort werden die jungen Spieler ausgebildet – muss dann die
wichtigen Spieler zu Werder Bremen gehen lassen. So'ne Art
ostdeutsche Sportschule mit jungen Talenten.*

Eine kleine Kolonie. Eine Abstellkammer, oder was? Ich
kann überhaupt nicht verstehen, dass Menschen dem zu-
stimmen. Ist für mich unbegreiflich. Wir hätten alle Werbe-
verträge machen müssen über Bremen. Was soll denn das?
Du wärst doch nicht selbständig! Ich bin nach wie vor, es ist
ja nun schon viele Jahre her, fassungslos, dass man so was
machen konnte.

*Wie wichtig war das für Sie, wie wichtig war das für den FC
Hansa, dass Sie sich im Stillen, nach dem Triumph 1991, denken konnten, ich als Ossi habe Euch das mal gezeigt?*

Na ja, ein bisschen überheblich bin ich ja schon immer gewesen. Mag sein, dass ich auch daran gedacht hab'. Aber
meine Zielstellung war, ordentlichen Fußball in Rostock zu
spielen und meine Vision durchzusetzen.

Und die war?

Na ja, also erst mal den Verein so sauber zu gestalten, dass
er ein Wettbewerber von den anderen ist und links und
rechts die ganzen Bazillen, die Krebsgeschwüre, die da rumgerannt sind, zu beseitigen, die an sich gedacht haben oder
uns verhökern wollten. Das war das Erste. Das Zweite war,
Spieler zu holen, mit denen man was erreichen kann. Und
auch möglicherweise dann Kontakt über den DFB zu finden, um dort reinzukommen, auch als Ossi, so dass du da

aufgenommen wirst und auch vernünftig mit denen reden kannst. Dann kam das Lizenzierungsverfahren. Entweder konntest du mit denen und das ging oder nicht. Da waren noch so ein paar damalige Funktionäre aus dem Osten, auch im DFB. Und da hatte man dann immer Kontakt und hat auch alle anderen Entscheidungsträger kennengelernt.

Können wir davon ausgehen, dass Sie sich als Ostdeutscher unter den westdeutschen Vereinsoffiziellen, den Großen von der anderen Seite, respektiert gefühlt haben?

In jedem Fall. Dadurch, dass dann auch sehr viele Funktionäre da waren, zu denen du schon zu Ostzeiten Kontakt hattest, als Spieler. Nein, nein, das war auch absolut in Ordnung. Ich kann nichts Negatives sagen. Noch einmal: Bei alldem, meine Kameraden auf der anderen Seite, ob es nun der Präsident oder Manager war, die haben ständig geholfen, und wir sind blendend zurechtgekommen.

Können Sie Namen nennen, mit wem Sie besonders gut konnten?

Ja, mit Grabowski zum Beispiel. Mit Lattek. Mit Rolli Rüssmann. Mit Dieter Burdenski. Ich will jetzt hier keinen vergessen. Das war überhaupt kein Problem, in jeglicher Beziehung. Ob wir mit Burdenski ein Trainingslager in Amerika, in Kalifornien, gemacht haben oder mit Rolli Rüssmann, der nun leider schon verstorben ist. Mit Bernd Hölzenbein, wie auch immer sie heißen mögen. Es war nie ein Problem. Das Problem war nur immer, ich war Präsident und Manager in einer Funktion, und die waren meistens Manager, weil da ein achtzigjähriger Präsident über ihnen stand.

War das manchmal auch ein Problem, diese Doppelfunktion?

Ja, das war ein Problem, aber das habe ich mir ja, das haben wir auch schon besprochen, alleine auf den Hals gerissen, weil ich geglaubt habe, ich muss alles alleine machen. (Schmunzeln in der Runde)

Das hatten wir eingangs auch schon mal, irgendwann im reiferen Alter zu merken: Nee, man schafft nicht alles allein. Nicht nur, weil die Kräfte abnehmen...

Gut, ich kann nur immer wieder sagen: „Das ist falsch!" Aber ich habe auch manchmal geglaubt: Mann, wenn der eine oder andere Pennsack an Deiner Seite nun endlich mal aufwacht! Du hast dann auch oftmals gar keine Zeit. Du musst Entscheidungen fällen. Dann habe ich es lieber gleich alleine gemacht... Falsch. Okay!

Vielleicht nicht immer, aber manchmal. Wie groß war der Kraftakt, jetzt auf einmal einen Bundesliga-Etat in Rostock aufstellen zu müssen?

Das war nicht einfach. Das Gute an der ganzen Sache war, dass unsere Spieler ja nicht so sehr viel verdient haben, damals noch nicht. Und dass wir durch die Fernsehgelder natürlich schon ein paar schwarze Zahlen hatten. Und der Günter Krause hatte dann mit ELBO auch den Sponsor besorgt. Das ging dann auch einigermaßen, aber alles sehr zögerlich. Diese gesunden Firmen, die in der alten Bundesrepublik waren, die gab's hier natürlich nicht. Du hast also dann, wenn du so willst, jedem kleinen Betrieb gesagt: „Komm, gib' mal 100 Mark." Und dann haben wir 'ne Litfaßsäule gemacht, wer da alles mal 100 Mark oder auch 1000 Mark gegeben hat und so weiter. So haben wir uns mühselig nach oben gekratzt. Dann musste die Flutlichtanlage, die nicht in Ordnung war, umgestellt werden. Das haben uns andere bezahlt. Die Leinwand haben uns andere bezahlt. Da haben wir immer einen auf „armen Ossi" gemacht, und das hat auch manchmal geklappt. (lacht)

Diese Tauschzeitenmentalität – das hatte man in der DDR ja gelernt, auf gut Deutsch „aus Scheiße Bonbons zu machen", hat das vielleicht mit einem Mal auch nicht mehr so geklappt, weil die Konstruktionen jetzt andere waren?

Ja, das hat nur noch teilweise so geklappt. Denn ansonsten galt ganz knallhart: Spieler, Geld, Geld, Spieler. Aber am Anfang ging es noch streckenweise.

Fußball ist ja nie unschuldig, wirklich unschuldig. Ging es am Ende nicht auch im Osten, das haben wir mit Ihnen jetzt hinlänglich besprochen, auch um Erfolg, um Geld, um all diese so wichtigen, unwichtigen und am Ende doch so ganz wichtigen Dinge? Hat der Fußball, zumindest auch der Hansa-Fußball, dann spätestens auch seine Unschuld verloren, als er in der Realität Bundesliga angekommen war?

Zu 100 Prozent.

War er vorher unschuldig?

Auch nicht. Aber auf einer anderen Basis. Jetzt skrupellos, dem anderen System angepasst, ja.

Ich werfe jetzt mal das Wort „Reinders" ein. Das war ja damals ein Hype um den. Das war der Große, der Macher, der Meistermacher ist er ja gewesen...

Ja, ist er.

Wie konnten Sie miteinander?

Gar nicht. Vom ersten Tag an.

Die Frage ist, er wurde von den Fans empor gehoben, Sie haben ihn von Anfang an eher kritisch gesehen. Welche Gründe hat es dafür gegeben?

Wenn einer, der sich Trainer nennt, nicht akribisch arbeitet, wird er in jedem Verein gemaßregelt, egal, wie er heißt. Wenn man als Trainer dann glaubt, das sind alles blöde Ossis hier, die vom Fußball und von dem Geschäft keine Ahnung haben, und machen möchte, was er will und sich nicht an Spielregeln hält, dann wird es schwer. Aber, jetzt muss ich ihn in Schutz nehmen. Wenn man vorher so einen Werbekooperationsvertrag mit Werder Bremen unterschrieben hat, wer so einen katastrophalen Vertrag mit dem Uwe Reinders gemacht hat, dann darf man sich auch nicht wundern. Der hat einfach nur alle Register gezogen, völlig zu Recht, die total konträr zu den Interessen des Vereins gingen. Als ich den Vertrag gelesen hab', habe ich gesagt: „Das kann nicht gut gehen. Jetzt willst Du versuchen, ihm das zu erklären." Unser Grundproblem war, dass ich versucht habe, ihn zu disziplinieren, dass er ordentlich seine Arbeit macht, ständig bei der Mannschaft ist, so wie sich das gehört, mir sagt, was im Trainingslager gemacht wird, wie das mit den Spielern läuft und, und, und... Alle Dinge, die heute gang und gäbe sind, einfach zu besprechen, weil nicht er die Vereinsführung ist. Und das hat ihm nicht gefallen. Das hat ihm überhaupt nicht gefallen. Er wollte machen, was er wollte.

Er ist zum Teil auch patzig geworden, wie Sie es in einem anderen Interview schon erzählt haben: Sie hatten um einen Trainingsplan für die nächste Spielserie gebeten, und er antwortete: „Ich bin doch kein Schriftsteller." Das heißt, persönliche Befindlichkeiten kamen bei Ihnen noch hinzu?

Ja, natürlich kamen die dazu. Ich glaube, zum damaligen Zeitpunkt, als er kam und die Truppe Meister und Pokalsieger wurde, da hat er durch seine schnoddrige Art und Weise, so, wie er auch Fußball gespielt hat und so, wie er auch mit den Spielern umgegangen ist, die Truppe motiviert. Das war auch für die Spieler etwas völlig Neues. Der hat eine Kloakensprache an den Tag gelegt! Aber das ist da angekommen.

Eine Kloakensprache?

Ja, genau.

Kann man das mal konkret machen?

Das ist... (Schmunzeln in der Runde) Lassen wir das!

Den Begriff hatte ich noch nicht gehört.

Die Spieler waren fasziniert. Und er hat das ausgenutzt. Denn unsere Spieler waren überragend ausgebildet. Sie sind zusammengeblieben. Das war die komplette Truppe. In vielen anderen Vereinen sind die Spieler schon dann in den sogenannten Westen oder wo auch immer hingegangen. Unsere Spieler sind zusammengeblieben, und das hat er gut genutzt. Die haben praktisch alleine gespielt, und er war dieser Motivationskünstler. Das muss man sagen, und ich hab' ihm das auch gegönnt. Das ist überhaupt nicht die Frage. Das hat er mir zwar nie abgenommen, weil er gesagt hat, ich wäre neidisch auf ihn. Ein totaler Blödsinn! Aber was willst du in so'n Wasserkopp da reinkriegen?! Das geht nicht. Und dann ging das immer weiter. Ich hab' versucht, ihm zu erklären: Wir haben die ersten fünf Spiele gewonnen. Ich hab' gesagt: „Hör' auf damit! Das ist kein Selbstläufer! Jetzt hast Du mal montags auf Arbeit zu sein und nicht erst am Dienstag wieder! Und Du hast am Wochenende hier zu sein! Du musst Dich auch um den Nachwuchs kümmern! Du verdienst so viel Geld! Das sind Deine Aufgaben!" Er wusste überhaupt nicht, wie er trainieren soll. Dann gab es Auseinandersetzungen in der Truppe. Dann hat er einen Zettel rausgeholt und hat jeden unterschreiben lassen, wer bei der Stasi gearbeitet hat und all so'n Zirkus. Was der sich eigentlich rausgenommen hat! Und das konnte ich nicht zulassen, dass er zum Beispiel den Masseur verprügelt hat. Der ist seiner Meinung nach in einer Szene nicht schnell genug auf den Platz gelaufen. Und da hat ihn Reinders durchgeschüttelt und wie sagt man so schön, am Schlafittchen gepackt und auf den Platz gezerrt. Das ging einfach nicht. Ich hab' einen Fehler gemacht, indem ich vieles für mich behalten habe und mich nur mit ihm auseinandergesetzt hab'. Er aber hat das durch die Medien geschickterweise in Umlauf gebracht: Da war ich ganz klar der Böse, neidisch auf ihn, und er war der Gute. Ich kann heute nur sagen, wo ist er eigentlich? Hat er jemals wieder einen großen Verein gefunden? Doch nicht! Also, das ist so ein Thema, da können wir uns stundenlang unterhalten. Ich kann auch reden, was ich will, es ist ganz klar: Er ist der Gute, und ich bin der Böse! Aber das interessiert mich auch nicht. Wir haben dafür gesorgt, dass dieser Verein wieder in der Bundesliga spielt, nachdem wir abgestiegen waren. Wir haben gezeigt, dass wir so arbeiten können und dann mit dem Pagelsdorf mal 'nen richtig guten Trainer geholt haben. Mit den vielen anderen Spielern, mit Beinlich und Breitkreutz, und wie sie alle heißen, haben wir, glaube ich, auch bewiesen, dass wir in der Transferpolitik wissen, wie es geht. Mit dem Verkauf von Bodden nach München, damals 'ne Riesensumme... Also ich finde, wir haben es schon geschafft, nachzuweisen, dass wir das auch können. Und da ist es egal, ob der Herr Reinders heute so was über mich sagt oder nicht. Das ist unwichtig!

Vielleicht können wir mal für's Protokoll festhalten, dass ein Lächeln auf den Lippen von Gerd Kische zu sehen ist. Wir müssen nur noch ein, zwei Sätze zu Uwe Reinders verlieren, dann wollen wir es auch beenden. Fassen wir nur ganz kurz zusammen: Der FC Hansa hat, Sie haben es gesagt, einen furiosen Saisonstart hingelegt, hat gegen Nürnberg, gegen Bayern und gegen Dortmund gewonnen, dann ging's bergab. Gerd Kische stand in der Öffentlichkeit als der Schuldige da, was ja schon relativ schizophren und irrsinnig klingt. Und was wir nicht vergessen dürfen, ich glaube, Gerd Kische, in dieser Hochzeit der Kritik an Ihnen, mussten Sie durchaus auch Angst um die Sicherheit Ihrer Familie haben, oder?

Ja, das war mein Hauptproblem. Also ich selber hab' mir da

wenig draus gemacht. Aber wenn vor der Tür auch geschossen wird und die Kinder in der Schule belagert werden. Und das Haus und der Garten umstellt sind, das ist natürlich schon starker Tobak. Ja, ich habe mir damals sehr viele Sorgen gemacht um die Familie.

Also eine richtige Bedrohung?

Ja, ja. Es hat sogar einer auf mich geschossen.

Mit einem Luftgewehr?

Ja.

Ist das mal aktenkundig gewesen, wurde die Polizei eingeschaltet?

Nein, nein, gar nicht weiter.

Hat man da nicht auch mal Sekunden, wo man sagt: Was wollt ihr eigentlich?! Ich kann geradeaus laufen, lesen und schreiben, ich mache jetzt mal ganz was anderes?

Wenn ich daran denke, dass ich immer 'nen Revolver in der Tasche hatte, auch auf der Tribüne... (schmunzelt) Es ist tatsächlich so. Ja, ich als Jäger... Ich durfte ihn zwar in der Öffentlichkeit nicht tragen, nur auf dem Weg zur Jagd, aber ich hab' ihn immer mit gehabt, immer hier oben ein Halfter gehabt. (zeigt, wo)

Aus Angst, es könnte zum Äußersten kommen?

Richtig! Vielleicht auch Blödsinn, aber... Wenn es dann so weit ist, da grübelt man schon über das eine oder andere nach. Zumal die, die dann alle geschrien haben: „Kische raus!" gar nicht wissen, warum sie das gemacht haben. Die haben sich auf eine Seite geschlagen. Ich habe dann viele, viele Jahre später mit etlichen darüber gesprochen, die gesagt haben: „Ach Du Scheiße, was haben wir bloß gemacht?"

Machen wir einen kleinen Sprung: Bis dahin also Manager, Präsident... Der ganz Große, ganz oben. Und dann wurde die Verantwortung anders verteilt. Dieser Sprung geht über die Jahre 1994/95. Da waren Sie Manager und haben Peter-Michael Diestel, Frank Pagelsdorf dann als Präsidenten und Trainer geholt. War das so eine Zäsur, war das auch diese Erfahrung, dieses Lehrgeld, was Sie gezahlt haben?

Ja.

Haben Sie andere dazu gedrängt oder haben Sie das selbst...?

Nee, das war ich ganz alleine. Ich habe, nachdem ich umgekippt war und Herzkatheder gemacht wurde, das haben wir besprochen, gesagt: So, jetzt hast du dich wahrscheinlich wirklich übernommen. Das geht so nicht! Ich habe dann gesagt, im Vorstand: „Ihr könnt das jetzt entscheiden. Ich kann beides nicht mehr machen. Entweder höre ich ganz auf. Oder wenn Ihr wollt, würde ich den Teil des Managers übernehmen, alles was Mannschaft und Transfers betrifft. Und ich helfe Euch auch im Lizenzierungsverfahren. Alles in Ordnung. Aber ich brauche jetzt jemanden, der sich an die Spitze stellt und mir den Rücken freihält. Der soll von mir aus jetzt zu jeder Veranstaltung gehen und ein Loblied auf den FC Hansa singen oder auf sich. Das ist mir egal. Ich will und kann es nicht. Entscheidet!" Gernot Böttrich, der damalige Brauereichef der Bremer Truppe, auch einer von denen, aber ein Vernünftiger, der wurde dann zum Präsidenten gemacht und ich hatte 'ne Generalvollmacht, alles alleine in meinem Bereich zu entscheiden. In dieser Zeit habe ich das mit Beinlich und Breitkreutz gemacht. Was ist denn passiert in Wahrheit? Es hat sich gar nichts geändert. Gernot Böttrich hatte keine Zeit, weil er bei den Bremern, bei „Becks", so unter Druck stand, es ging nicht. Und eines Tages musste dann die Entscheidung fallen: Gernot Böttrich muss weg. Da muss ein starker Mann hin. Und dann kam die Idee von dem damaligen Geschäftsführer Luschas, doch mal mit Diestel zu sprechen, weil er den irgendwann mal in einer Kneipe auf der Toilette getroffen hat (schmunzelt) und mit ihm beim Pinkeln über den FC Hansa gesprochen hat. Und das hat er mir dann erzählt.

Das heißt, Diestel war nicht Ihre Idee?

Nein, meine Idee war Diestel nicht. Aber ich habe ja dann diese Gespräche geführt mit ihm.

War es nicht ein Wagnis, einen Politiker an die Spitze des Vereins zu holen?

Politiker, behaupte ich mal, sind immer gewagt. (lacht) Da ist er keine Ausnahme, aber in den Gesprächen hat er zwei Dinge versprochen: Sich nicht um den Fußball zu kümmern. Das sollte ich nach wie vor machen. Und er würde Sponsoren besorgen, weil er riesige Kontakte hat. Und beides hat er nicht eingehalten.

Sind Sie vor der Verpflichtung von Diestel als Präsident eigentlich schon Jagdfreunde gewesen? Oder sind Sie es erst während der Präsidentschaft geworden?

Ich weiß gar nicht, wann er seinen Jagdschein gemacht hat. Aber ich hab' ihn damals mit zu mir auf Jagd genommen, da hatte er noch keinen Jagdschein. Und wir haben dann auch auf der Jagd viel über die Geschicke des FC Hansa gesprochen. Natürlich schwierig, wenn ein Präsident nicht weiß, wer deine Mannschaft ist, wer seine Mannschaft ist. Da musst du ihn schon ein bisschen langsam ranführen.

Da war er aber schon Präsident?

Nein.

Sie haben auch schon vor der Präsidentschaft gejagt?

Ja. Da haben wir auch schon gejagt.

Das heißt, nach der Toilettenbegegnung und auch davor wusste er schon, was Hansa ist?

Er wusste auch schon über unsere Bilanzen Bescheid, weil er den Geschäftsführer hinter meinem Rücken zu sich bestellt hat, mit den Unterlagen. Und der hat das auch gemacht.

Vor der Präsidentschaft?

Genau. Ohne mein Wissen. Und der hat damals geglaubt, Herr Dr. Luschas, er könnte das mit Diestel alles so machen. Schließlich habe ich dann Luschas rausgeschmissen. Das ist doch ganz einfach. Wenn mir einer zuvorkommen will. Wenn einer vertrauliche Unterlagen des Vereins, ohne mein Wissen, durch die Gegend fährt und einem möglicherweise zukünftigen Präsidenten, oder was auch immer, Unterlagen zeigt... Alter, mit dem brauch' ich überhaupt gar nicht zu reden. Da ist er rausgeflogen.

Wann war Ihnen klar, dass das mit der Jagdfreundschaft Diestel-Kische im sportlichen Bereich nicht so läuft, wie Sie sich das vorstellen?

Das ist gereift, indem ich spürte, er kann damit leben, dass ich ihm sage, er hat von Fußball keine Ahnung. Das war nicht so schlimm. Aber, wenn eine Kamera oder ein Mikrofon nicht zuerst auf ihn gerichtet war, damit konnte er nicht leben. Da aber die Journalisten meistens fachspezifische Dinge haben wollten oder auch bilanztechnische Dinge, da konnten sie ihn nicht fragen. Da war er auch nicht bereit, sich darüber Gedanken zu machen. Er hat natürlich auch mit seiner Sozietät genug zu tun gehabt. Aber er wollte es ja unbedingt, wollte unbedingt Präsident werden. Und dann merkte ich, spürte ich, es wurde immer drastischer.

Wie ist dann die Trennung vollzogen worden? In den Zeitungen gab es damals verschiedene Ansichten, wer den ersten Schritt gemacht hat: Sind Sie gegangen? Sind Sie entlassen worden? Hätten Sie weitermachen können? Hätten Sie weitermachen wollen? Wie lief das damals ab?

Das ist schnell zu erzählen. Die Spannungen waren dann riesengroß. Zwischen uns beiden auch, aber mehr zwischen dem 1. Vizepräsidenten, dem Holger Bohn, der sich auf die

Seite von Diestel geschlagen hat, und mir. Holger Bohn war immer lieber mit der Mannschaft zusammen oder was weiß ich, ein Möchtegern-Mann. Und eines Tages, ich kam irgendwo her, und dann habe ich gesehen, dass in meinem Büro damals im Hansa-Hochhaus Licht brannte. Fragen Sie mich nicht, ich weiß es bis heute nicht, warum. Das sollte so sein. Ich bin nicht nach Hause gefahren, sondern auf den Parkplatz und bin hochgegangen. Und da habe ich gesehen, dass sie in meinen Unterlagen herumgewühlt haben.

Wer ist „sie"?

Der damalige zweite Vizepräsident und der erste. Ich weiß nicht, wer noch alles. Wir sind nachher rausgegangen.

Also mehrere Leute?

Ja. Es ging einfach darum, dass sie der Meinung waren, dass ich bei den Transfers von Beinlich und Breitkreutz was falsch gemacht habe und mich möglicherweise auch bereichert habe. Und sie wollten irgendwas suchen und finden, um mir das nachzuweisen. Sie hatten Angst wegen dieses Vertrags. Und da hatten sie Recht, der war nicht ganz sauber, das stimmt. Da ging es um Transferrechte. Aber es geschah mit Wissen des DFB. Und anders hätte ich die Leute auch nicht gekriegt. Denn die gleichen Leute, die ich mithaben wollte, die mir gesagt haben: „800 000 Mark kannst Du dann geben", wir haben schon drüber gesprochen, die waren dann alle plötzlich auf der anderen Seite und hatten kein Geld mehr. Ich hab' den Transfer unterschrieben. Jedenfalls haben die geglaubt, ich hätte da irgendwie gemuschert und gekungelt. Und ich hab' sie dann beim Durchstöbern meiner Unterlagen erwischt. Das hielt ich für einen absoluten Vertrauensmissbrauch und habe dann am nächsten Tag gesagt: „Ich hör' auf! Mit sofortiger Wirkung!" Das ist die Wahrheit. Und das ist das, worüber ich mich ärgere. Weder Herrgesell, noch die Sekretärin, noch Bohn haben jemals den Arsch in der Hose gehabt, „Entschuldigung" zu sagen. „Nein, das ist nicht so." Ich habe dann gesagt: „Ihr könnt Euch das aussuchen, zu welchem Zeitpunkt. Wir ziehen das Lizenzierungsverfahren noch durch. Ich hab' zwar zu Euch kein Vertrauen, Ihr habt zu mir kein Vertrauen, aber im Interesse des Vereins, und deswegen bin ich hier, machen wir das noch. Sagt zum 1.5., zum 1.6. oder sofort. Mir egal. Morgen früh komme ich, und dann erwarte ich Eure Terminisierung meiner Beendigung." Und noch am gleichen Abend ist Diestel an die Presse gegangen und hat gesagt: „Ich hab' Kische rausgeworfen." Genauso war's und nicht anders.

Der „Nordkurier" schrieb damals, da sind zwei Dickköpfe aufeinander geknallt.

Ja, denkbar. Der eine wollte was für den FC Hansa und der andere für sich.

Der Wahnsinn ist ja, am Ende der Saison 1994/95, über die wir gerade sprechen, ist der FC Hansa in die Bundesliga aufgestiegen und dann auch zehn Jahre in der Bundesliga geblieben.

Als ich gegangen bin, waren wir schon aufgestiegen.

Fühlten Sie sich trotzdem um Ihr Lebenswerk betrogen?

Nein, das nicht. Ich fühlte Traurigkeit, weil es in meinem Umfeld solche Scharlatane gab, wie ich sie zu Ostzeiten schon erlebt habe. Jetzt komme ich wieder darauf zurück: Es hat sich nicht viel geändert, bei den meisten. Die sind im Osten korrupt gewesen und haben an sich gedacht. Und in der anderen Gesellschaftsordnung auch. Eigentlich nur charakterlose Menschen.

Der Unterschied ist vielleicht, dass man heute für solche Bemerkungen fast schon belangt werden kann. Das war früher etwas schwieriger. Wenn die Bezirksleitung gesagt hat: „Ist nicht so!", dann konnte man auch sagen: „Du Arsch!" Heute, wenn der richtige Advokat um die Ecke gelaufen kommt und Geld wittert, dann geht's an die Existenz, eventuell. Ich glaub', das ist schon ein Unterschied. Insofern ist noch mehr Unschuld weg. Wenn es überhaupt jemals unschuldig war. Was macht man dann? Sitzt man zu Hause und sagt: „Kinder, das kann doch alles nicht sein?"

Ach... (winkt ab)

Der Typ sind Sie nicht?

Nee. Da musst du mit den Gegebenheiten dann auch fertig werden. Das war ja nicht allzu schlimm, als damals der Rausschmiss kam. Da habe ich mich nur drüber gewundert.

Hatten Sie Sicherungsleinen mit eingebaut? Sie sind ja ein lebenstüchtiger Mensch, wenn ich das mal so formulieren darf. Das ist durchaus ein Lob. Und nun also dieser abrupte Schluss. Haben Sie vorher schon mal überlegt: Was wäre wenn?

Ja, deswegen habe ich ja meinen Vertrag auch so aufgebaut. Ich habe mir meinen Vertrag selber geschrieben. Und die Marionetten haben dann unterschrieben. Wie alles.

Aber Sie haben deren Schwäche auch ein wenig ausgenutzt...

Na, selbstverständlich. Musste ich doch. Wer die Arbeit macht, soll auch dafür belohnt werden. Und wir haben gute Arbeit gemacht. Ich will das jetzt nicht nur auf mich beziehen. Natürlich habe ich für mich 'ne Riesenaufstiegsprämie in Anspruch genommen, die mir Diestel anschließend noch wegnehmen wollte.

Deswegen frage ich...

...das habe ich mir richtig vergoldet. Ja, na klar. Ich habe da auch gelernt.

Bananen sind halt nicht alles.

Nein, beim besten Willen nicht. Und wie heißen die anderen? Die Südfrüchte einmal im Jahr zu Weihnachten auch nicht, die Apfelsinen. (Lächeln in der Runde)

Von Herrn Diestel stammt der Satz, er hätte gerne weitergemacht...

Ja...

Mit Ihnen...

Ja, ja.

Ist das ehrlich gemeint gewesen?

Niemals. Ich könnte ja zu Diestel was sagen, so wie ich ihn einschätze. Können wir dann gerne noch machen...

Es ging darum, dass er gesagt hätte, er hätte gerne mit Ihnen weitergemacht.

Das hat er an dem Abend auch gesagt, als ich gesagt habe: „Ich höre auf!" Da hat er gesagt: „Nee, ich doch nicht. Die Anderen. Ich wollte nicht. Das geht nicht! Und Du kannst nicht!" Doch, das stimmt. Aber, wie das nun gemeint war? (lacht) Das lasse ich mal im Raum stehen.

Vielleicht auch lebenstüchtig, weil er sich gedacht hat: Mensch, Kische, Rostock, FC Hansa?

Er hat mir einmal viele Jahre später, als er selbst so einen Abgang hatte, gesagt: „Hätten wir uns bloß vernünftig verstanden. Hätten wir lieber die anderen alle rausgeschmissen, dann wäre es noch so wie bei Bayern München. Die halten alle zusammen und sind alle noch da." So ungefähr. Aber ich hab' ja 'ne ziemlich klare Haltung und Auffassung und Einschätzung zu Diestel. So! Die kann ich, wenn Sie die hören wollen...

Ja, bitte...

...mal bissel umschreiben. Also...

Gab es je eine Freundschaft?

Was ist das?

Dass ich mich auf jemanden verlasse?

Nee, jetzt komm' ich drauf. Ich versuch's gerade. Wenn das stimmt, dass ich mich auf jemanden verlasse, zu 100 Prozent, in guten wie in schlechten Tagen, das soll ja auch bei Eheleuten nicht immer einfach sein. Aber wenn ich so einen suche und wenn ich mich auf den hundertprozentig verlassen kann, wenn er kein Egoist ist und nicht an erster Stelle an sich denkt. Wenn man dem wirklich vertrauen kann, dann darfst du nie Peter-Michael Diestel nehmen. Als Freund.

Das ist ein hartes Urteil!

Ja. Das ist aber so. Ich habe es so erlebt. Das ist meine Einschätzung! Damit sage ich ja nicht, dass er ein Verbrecher ist. Damit sage ich nur, wie ich ihn erlebt habe. Dass er zuerst an sich denkt.

Zumindest in Ihrem Verhältnis...

Na ja. Das lasse ich mal so stehen. Ich glaube, da gibt es noch mehr, die ähnlich denken könnten.

War es dann so ein richtiges Aus mit dem FC Hansa? Wir stellen uns jetzt mal den kleinen Gerd vor, den jungen Gerd, den Schüler, wo wir mal begonnen haben, der gebrannt hat dafür. Ich hab's noch in den Ohren, dass es das Größte war in diesem Stadion. Es ist beeindruckend, was Sie uns auch erzählt haben. Man kann sich's vorstellen. Und nun das. War das das Aus? Wie

sind Sie jetzt am Zaun vorbeigegangen, am Trainingsplatz?
Sind Sie überhaupt noch in der Gegend gewesen?

Na doch, ich bin ab und zu mal da gewesen. Das hat sich dann beschränkt. Es war ein bisschen weniger, das ist so. Natürlich habe ich das verfolgt. Aber jetzt komme ich wieder darauf zurück: Die Geschichte damals mit dem Rausschmiss wegen dieser persönlichen Geschichte zu DDR-Zeiten als Spieler, die war viel extremer. Dieses Ausscheiden jetzt, egal, Rausschmiss oder gegangen, das sei mal dahingestellt: Das gehört zum Job. Das ist etwas, was völlig normal ist, dass man sich da zankt. Das muss man wissen. Das gehört dazu. Da darf man auch nicht so traurig sein. Das ist erledigt, und dann ist gut.

Dafür gibt's im Zweifel Schmerzensgeld.

Richtig gutes Schmerzensgeld, ja. Heute bei dem einen oder anderen mehr als damals, aber man kann ja zufrieden sein. Und ich hab' dann die Chance gehabt, bei Union Berlin wieder zu arbeiten. Ich hätte woanders auch noch was machen können. Nee, nee, das ist nicht so schlimm gewesen.

Es heißt, dass damals sogar ein Sponsor gemurrt hat...

Ja.

...dass Herr Kische geht. Aus Angst, wie wird's jetzt mit dem Verein weitergehen.

Ja, gut, das sind aber dann so Lippenbekenntnisse. Die kriegen sich alle wieder ein, wenn's darum geht, sich zu vermarkten. (lacht) Keine Sorge, da spielt der Einzelne dann doch nicht so die Rolle.

Und plötzlich waren Sie dann nicht mehr in der obersten Fußballetage von Hansa. Da waren Sie im realen Leben. Waren Sie vorher auch schon, aber jetzt auf andere Art. Was haben Sie dann gemacht?

Na, ich hab' ja meine Firma gehabt. Das war alles auch nicht so schlimm. Ich hab' das immer wieder erlebt, beim FC Hansa. Mal so und mal so. Man kann auch sagen, mal oben, mal unten. Mal Verantwortungsträger, mal was anderes. Immer wieder. Ich war auch schon mal 'ne Zeit lang nicht Kapitän, weil ich dann als Spieler nicht so stubenrein war. Und dann als Funktionär. Ich hab' ja alles durch. (lacht) Das ist alles nicht so schlimm. Wenn ich mir überlege, in jüngster Vergangenheit wurde ich ausgezeichnet, bin mit zwei oder drei Spielern in diese sogenannte „Hall of Fame" aufgenommen worden. Da bist Du dann ausgezeichnet. Das ist schon was Besonderes. Man kann darüber diskutieren, wie man will. Ich glaube schon, dass ich der erfolgreichste Spieler des FC Hansa bin. Und wenn man dann diese Auszeichnung bekommt, freut man sich darüber. Aber, wenn Du gleichzeitig, fast parallel, vierzehn Tage später einen Brief bekommst, dass Dir Deine zweite VIP-Karte, die Du immer für Deine Frau hattest, gestrichen wurde, aus Sparsamkeitsgründen, dann verstehe ich die Welt nicht mehr. Also, so eine Schizophrenie kann nur beim FC Hansa passieren. Dann geht man dahin und zankt sich mörderisch mit denen, was das eigentlich soll. Da gibt es einen ehemaligen Spieler, der nicht annähernd so viel erreicht hat, der kriegt seine zweite Karte für die Frau mit, weil irgendeiner damals mal 'nen

191

Beschluss gefasst hat. Ein Drunter und Drüber ohne Ende! Es geht mir nicht um die zweite Karte. Ich wollte damit nur sagen, ich bin immer wieder drinnen in diesem Spielball. Dann habe ich mich so sehr aufgeregt, bis ich erfahren habe, warum das so ist. Also, der jetzige Vorsitzende hat sich so darüber geärgert, dass ich mal gesagt hab': „Ein Fleischverkäufer muss nicht unbedingt auch ein guter Vorstandsvorsitzender sein." Darüber hat er sich so geärgert. Da kann ich nur sagen: Armer Wicht! Also, in diesem Verein kann man einiges erleben... (lacht)

Mal die Frage: Sie waren ein sehr guter Fußballer, der erfolgreichste von Hansa, wie Sie selbst sagen. Waren Sie vielleicht über all die Jahre eigentlich immer der bessere Fußballer und eher weniger der Manager? Haben Sie darüber auch mal nachgedacht?

Das habe ich, ernsthaft, etliche Male. Ich konnte nämlich nicht verstehen, dass mir die, die alle geschrien haben: „Kische raus!", als ich aktiver Fußballer war, alle zugejubelt haben, das ganze Stadion... Ich war jemand, dem sie zugejubelt haben.

Das Stadion hat Sie getragen. Aber das war der Fußballer...

Das war der Fußballer. Das war die Leistung, die ich dort als Kische abgeliefert habe, für den FC Hansa oder auch für mich.

Beides.

Beides ist nämlich ganz wichtig.

Ja.

Ich habe nicht für die Ehre gespielt. Ich habe für mich und für's Geld und für Ruhm und Ehre gespielt, weil ich wusste, hey, nur dadurch kannst du dir ein Leben schaffen, kannst was erreichen. Deshalb brauchen wir uns doch nichts vormachen. Auch wenn andere das anders sehen. Von mir aus können sie für ihre Schwiegermutter spielen, das ist mir alles egal.

Ich denke mal, wenn du einen geilen Spielzug machst, wenn du abziehst, dann bist du der Fußballer, der an nichts anderes denkt, denn das ist deins. Das ist diese Fähigkeit, die du hast, die du dir antrainiert hast. Das ist die eine Wahrheit. Aber dass man das versilbern kann, das ist doch völlig normal.

Du wusstest doch ganz genau, wenn sie jubeln und du hast Montag irgendeinen Wunsch, weißt du, wo du hingehst, und der wird dir erfüllt. Aber jetzt komme ich darauf zurück, wegen der Überlegung: Ich konnte nie verstehen, dass diese Leistung damals so honoriert wurde. Die war nicht fünfzig Prozent von dem, was ich dann als Vizepräsident, Präsident und Manager gemacht habe. Nur diese Auseinandersetzungen mit Reinders haben ein paar Leute so verwirrt, die haben das völlig anders eingeschätzt. Und jetzt muss ich mal bei mir anfangen. Es ist mir nicht gelungen, das so rüberzubringen. Aber die Leistung, das Aufbringen von Kreativität, von vielen Dingen, so einen Bundesligaverein aus der Taufe zu heben, das ist viel mehr gewesen. Das waren so die Überlegungen, wo ich gedacht habe: Gott, oh, Gott!

Haben Sie mal Angst gehabt zwischendurch, das schaffe ich nicht?

Nein.

Da haben Sie gesundes Mecklenburger Standing...

Sie wissen doch, da kommt die Überheblichkeit durch. (lacht)

Ach Gott, das ist ja auch ein Selbstbewusstsein. Das hilft manchmal.

Der eine sagt so, der andere so.

Wenn wir uns jetzt Ihr Lebenswerk ansehen, aufgrund der Aufbauarbeit, die Sie bei Hansa geleistet haben, nach der Wende, wenn Sie den Verein heute spielen sehen, in der Dritten Liga – blutet Ihnen das Herz?

Das ist schon so, dass ich gar nichts mehr sage. Ich weiß ja, dass der FC Hansa aus meiner Sicht untergegangen ist. Und dass mein Wissensstand so ist, da können sie doktern, wie sie wollen, und da könnte man da und da 'ne Spritze geben: Der Verein ist aus meiner Sicht wirtschaftlich mausetot.

Das ist ein hartes Urteil!

Ja. Aber, man braucht sich nur die Zahlen anschauen und die Umstände, die da eine Rolle spielen ringsum. Der Verein ist für mich, rein wirtschaftlich und wenn es noch so hart ist, mausetot.

Hat er je 'ne Chance, wieder zum Leben erweckt zu werden? Was müsste dann passieren?

Meiner Meinung nach hätte man vor Jahren etwas anders machen müssen: Vor Jahren in die Insolvenz gehen.

Einen sauberen Trennungsstrich.

Einen sauberen Trennungsstrich.

War der Stadionumbau ein Fehler?

Ja, ein Riesenfehler. An dem Standort.

Da waren Sie immer dagegen.

Ja. Ich war dagegen. Gut, wie es jetzt gelaufen ist, ich will hier auch nicht klugscheißen. Aber kein Verein unserer Größenordnung, kein Verein, nimmt so eine Belastung auf seine Schultern, auf die eigenen Schultern des Vereins. 80 Millionen D-Mark, 40 Millionen Euro. Das muss man sich mal vorstellen. Ich kenne Zins und Tilgung. Das ist in der Zweiten und Dritten Liga nicht machbar!

Die Verantwortlichen, die damals, Gerd Kische, an der Führung waren, würden Ihnen jetzt antworten: Ohne das neue Stadion hätten wir den Verein aber auch nicht halten können, in der Liga, in der wir damals waren.

Dann antworte ich: Wir hätten zur damaligen Zeit Investoren gehabt, die sie weggejagt haben, die sie gar nicht angehört haben. Das kann ich auch beweisen. Ich weiß, dass es ein Grundstück gegeben hätte an der Peripherie Rostocks. Ich weiß, dass es dann viel kostengünstiger gewesen wäre, ein neues Stadion zu bauen, statt auf dem Trainingsplatz noch VIP-Parkplätze einzurichten. Du hättest dann möglicherweise dort abreißen und auf dem Gelände Häuser bauen können, zum Beispiel. Also, in jedem Fall war es so, aus meiner Sicht, nicht gut und nicht glücklich. Und das erleben wir ja heute. Es wären sicherlich auch viele andere Gelder noch geflossen. Das will mir doch keiner erzählen.

Standen da Interessen dahinter, dass Leute gesagt haben: Nein, wir machen das da?

Vielleicht Unkenntnis, mag sein. Und wenn man in dem Geschäft nicht zu Hause ist, sondern in der Medizin erfolgreich ist oder im Bundestag in Berlin sitzt und von den spezifischen Dingen nichts kennt, sondern da Geld bekommt und es ausgibt, aber nicht selber verdient, dann ist es sicherlich gar nicht boshaft, aber einfach Unkenntnis und falsch.

Also meinen Sie damit, wenn man von öffentlichem Geld, sprich Steuern, gut lebt, dann ist es schwierig, immer zu verstehen, dass man Geld zuweilen auch hart erarbeiten muss?

Richtig.

Haben Sie eine Zeit oder auch einen Namen im Kopf, wann aus Ihrer Sicht, noch während der Zeit in der Ersten Bundesliga, die Abwärtsentwicklung des FC Hansa begonnen hat?

So richtig zeitlich einordnen möchte ich das nicht und kann es auch nicht, weil ich das mehr aus der Ferne beobachtet habe. Aber, es sind so ein paar Dinge geschehen, die einen veranlassen zu sagen, wie es vielleicht begonnen hat: Plötzlich drei, vier Trainer. Plötzlich keine Kontinuität mehr. Plötzlich einen Trainer wiedergeholt, der dann gar kein Interesse mehr daran hatte, so akribisch zu arbeiten, wie er vorher gearbeitet hatte und, und, und... Dann Spieler weggehen zu lassen, die eigentlich hätten bleiben müssen, die sind woanders groß rausgekommen. Viele, viele Trainer. Viele Dinge, die auch mit den Suptras und Ultras da passiert sind. Wenn ich daran denke, was die für Rechte dann plötzlich eingeräumt bekommen haben. Der Verein wurde dann irgendwo fremd gesteuert. Ich glaube, der eine oder andere hat dann nicht mehr gearbeitet, sondern hat sich darauf verlassen, dass das automatisch weitergeht.

„Hansa wird es immer geben" – nach dem Motto. Da werden die schon was machen, die da oben. Die werden sich schon kümmern.

Na ja, einfach: Hansa wird es immer geben, egal, welche Liga. Das steht ja überall dran. Ich hab' das heute wieder gelesen: Es lebe der FC Hansa, egal in welcher Liga. Wir sind immer bei Euch!

Sie haben beispielsweise kritisiert, nach dem Abstieg aus der Bundesliga gab es zu viele Angestellte beim Klub, eine viel zu große Geschäftsstelle, der Verein hatte keine Rücklagen. Wir haben es in diesem Interview auch schon mal kurz anklingen lassen: Weitermachen unter Bundesliga-Bedingungen, auch in der Zweiten Liga, aber gar nicht mehr das Geld zur Verfügung zu haben, das man in der Zweiten Liga braucht.

Also, als ich das gesagt habe, haben vielleicht einige gesagt „bla, bla, bla", aber anschließend hat man das ja auch so praktiziert. Man hat ja selber diese Einsicht gewonnen. Ich kann nicht so falsch liegen. Wenn andere in der Zweiten Liga vielleicht mit 15 Leuten auskommen und wir 63 haben. Wenn wir uns erlauben können, eigene Gesellschaften zu haben, das geht einfach nicht. Du kannst nicht leben, als wenn du Bayern München bist, mit den Rücklagen, und spielst Zweite Liga. Das geht einfach nicht. Mit einer Rigorosität hätte man dort aufräumen müssen. Und da gehört auch dazu, dass du Manns oder Fraus genug bist zu sagen: Bis hierhin und nicht weiter! Und an die Spitze gehören dann Leute, die sich das trauen. Ich weiß, worüber ich rede. Wenn du einen rausschmeißt... Was haben die mir damals vorgeworfen, als ich zu Dietrich Kehl gesagt habe: „Kommt gar nicht in Frage! Raus hier!" „Der Spieler, der mit Dir zusammen gespielt hat! Und dann vernichtest Du seine Existenz und die ganze Familie." Ich kenn' das doch alles. Aber, wenn du an das Wohl des Vereins denkst, dafür bist du da, wenn du da handeln musst, weil die Situation eine neue ist, dann gehört das dazu. Es kommt nur darauf an, wie.

Das meinte ich vorhin auch mit der Frage: Dieses Fußballersein ist das eine, aber jetzt Manager sein: Die Last ist ja um ein Vielfaches größer. Die Last gegenüber denen, denen man auch Wahrheiten sagen muss, wo man Entscheidungen treffen muss. Die Last, dass Sie einen Millionenladen haben. Das denke ich, werden Sie auch gespürt haben. Aber ich habe manchmal den Eindruck, dass bei Hansa ein großes Rad ab und an gedreht werden will, dass man das sein will, was man definitiv offenbar aber nicht ist.

Gehen wir mal auf die letzten Ereignisse ein. Und wie die dann schöngeredet werden. Es gibt einen Trainer, der schon immer intern und extern in der Kritik stand, der Brand. Die ganze Zeit. Ohne Not verlängere ich im Januar den Vertrag mit ihm für weitere zwei Jahre. Warum eigentlich? Warum? Das ist so viel Geld, was da rausgeworfen wird. Ich kann doch warten. Wo ist da denn das Problem? Ich kann warten, wie die Serie ausgeht. Ich kann mit ihm dann immer noch darüber reden: Jetzt geht das so nicht mehr oder, oder... Und dann die Begründung: „Na, wir wissen ja gar nicht, so groß ist der Verlust gar nicht. Vielleicht kriegt der auch schnell wieder einen Verein." Oder: „Nun mach' das mal alles nicht so schlimm." Und kein Mensch regt sich darüber auf, weder ein Sponsor, noch in der Öffentlichkeit wird darüber berichtet. Ich glaube, eine Zeitung hat ein bisschen mehr darüber geschrieben und hat das mal ein bisschen analysiert. Das ist so gang und gäbe. Das ist ein Beweis. Wir haben ja manchmal Zeiten gehabt, da haben wir vier Trainer bezahlt und noch einen neuen gesucht. Fehler ja, aber irgendwann muss man doch mal lernen. Mir ist das nicht verständlich. Ich kann das nicht nachvollziehen, wie man so handeln kann. Es gibt nur eine Begründung: Wahrscheinlich ist da jemand, dem ist das egal, wie viel Geld er da reinschustert, aus welchem Grund auch immer. Ansonsten kann ich diese Personen, die so handeln, die... (fassungslos)

Die Fehlentwicklungen führten dann dazu, wir kommen zu den jüngsten Entwicklungen und auch zu den letzten Fragen, dass ein Mann wie Rolf Elgeti, ein Finanzinvestor, den FC Hansa Rostock retten musste. Ohne ihn wäre der FC Hansa untergegangen, oder?

Bestimmt. Oder es gibt 'nen Anderen, der anders heißt. Ich weiß es nicht. Aber bei diesem Finanzloch brauchst du auf alle Fälle jemanden, das ist ganz klar. Wie auch immer er heißt.

Macht der FC Hansa nicht da den Schritt, in welcher Konstruktion auch immer, den andere schon lange vollzogen haben oder mit dem sie schon lange leben? Am Ende geht's um's Geld. Ist das jetzt auch bei Hansa eingetreten? Ich bewerte es nicht und nenne es auch bewusst nicht negativ, dass man jetzt in der Realität wirklich angekommen ist?

Mit Sicherheit. Da brauchen wir auch gar nicht drum rum zu reden. Ich weiß auch gar nicht, warum man sich über eine „Brausemannschaft" aufregt und in Wolfsburg das alles für gut heißt oder bei Bayer Leverkusen oder in Hoffenheim. Das verstehe ich überhaupt nicht. Das ist einfach so, leider oder Gott sei Dank. Das ist mir völlig egal. Das ist in England nicht anders als in Italien. In der großen, bunten europäischen Fußballwelt ist das so. Und wenn der FC Hansa dann das Glück hat, auch jemanden zu haben, der da nicht Hopp heißt und der sein Geld gibt, wie auch immer...

Er wird es ja auch nicht uneigennützig tun, oder?

Na ja, wer macht das schon? (schmunzelt) Das ist noch ein anderes Thema.

Er sagt aber etwas anderes.

Ja, das haben schon viele gesagt. Wir werden keine Mauer bauen, hat auch schon einer gesagt. (Lachen in der Runde)

Können Sie sich vorstellen, in irgendeiner Form beim FC Hansa noch einmal aktiv zu sein?

Nein, das habe ich ja nun vor ein paar Wochen gerade sehr deutlich gesagt. Gegenüber dem Vorstand und in den Medien. Als mich die Hansaführung fragte, ob ich mir vorstellen könnte, an exponierter Stelle wieder mitzuarbeiten. Ich freue mich sehr, dass wir jetzt so viel Kompetenz im Aufsichtsrat haben. Es kommt für mich nicht mehr in Frage. Erstens ist es so, dass ich mit vielen Dingen dort nicht leben möchte und nicht leben kann. Für mich ist das ein hoffnungsloser Fall. Oder man macht das Portemonnaie ganz auf und sucht sich auch Leute, die das können. Dann hast du zwar immer noch das Problem der Hooligans, aber das haben viele andere Vereine auch. Aber ich glaube, jetzt ist die Zeit Anderer. Ich habe viel Spaß gehabt, hab' in der einen wie in der anderen Funktion gearbeitet. Das hat mir Spaß gemacht. Manchmal habe ich mich auch mörderisch geärgert. Aber inzwischen sehe ich das gelassen und wünsche den handelnden Personen viel Erfolg.

Egal, was war, das habe ich von Ihnen immer mal wieder gelesen oder gehört, egal, welche Querelen, welches Auf und Ab: Sie hatten dann immer wieder gesagt „Hansa ist noch immer mein Verein"

Ja, natürlich ist der FC Hansa mein Verein. Der Verein kann ja nichts dafür, dass streckenweise solche Tütenkleber den Verein in den Ruin gestürzt haben. Der FC Hansa ist ja der FC Hansa und nicht personifiziert. Mit einigen Personen habe ich natürlich Riesenprobleme, wie die mit mir möglicherweise, weil die aus meiner Sicht nicht im Interesse des Vereins gehandelt haben, jetzt will ich gar nicht sagen, vorsätzlich dem Verein geschadet haben. Das will ich damit nicht sagen, aber aus Unwissenheit. Und meiner Meinung nach haben die den Finger gehoben, um das machen zu wollen, wo sie's gar nicht können.

Werden wir noch mal Bundesligafußball, Zweite Bundesliga oder vielleicht irgendwann sogar Erste Bundesliga wieder in Rostock sehen?

(überlegt lange) Vielleicht kommt ja „Red Bull" auch nach Rostock. (schmunzelt)

Man sollte nie nie sagen.

Na, deswegen überlege ich, wie sage ich's. Also, bei allem Verständnis dafür, was der Herr Elgeti macht, und bei alldem, was ich weiß, was man mir erzählt, was ich selber gehört habe, sei mal dahin gestellt. Die Frage: Mache ich das Portemonnaie richtig auf und will ich wie Red Bull oder wie Hoffenheim Bundesliga haben und unternehme alles, dann brauche ich aber auch richtige Personen an der richtigen Stelle. Das hat uns Hoffenheim gezeigt, ich nenne sie beide wieder, und das hat uns Red Bull in Leipzig, diese Brausefirma, gezeigt: Ohne Leute vom Fach ist das Geld rausgeworfen.

Hansa ist noch immer Ihr Verein!

Nur weil ich eben meine Stimme gehoben habe? (lacht) Nein, ich müsste vielleicht etwas mehr loslassen. Ich müsste vielleicht nicht so viele Informationen bekommen. Ich müsste mich vielleicht nicht so sehr dafür interessieren. Ich müsste vielleicht einfach mir was anderes zum Lesen nehmen.

Wahrscheinlich ist es wie mit einer ganz innigen Jugendliebe...

Möglicherweise.

Wohl dem, der das erlebt hat. Der wird bis an sein Lebensende davon nicht lassen können...

Zwischendurch habe ich immer mal so die Hoffnung gehabt, dass das vorbei ist. (lacht, wirkt aber gleichzeitig berührt) Scheinbar doch nicht.

Vielen Dank, Gerd Kische.

Grundlage dieses Buches sind mehrere Gespräche mit Gerd Kische in Rostock zwischen März und Juni 2017.

Nachgedanken

etwas später ... im November 2019

Was in diesem Buch steht, dazu stehe ich. Nur weil der FC Hansa Rostock mal eine kleine Siegesserie hatte, hat sich an der Gesamtsituation bis heute nichts geändert. Erst durch ein bedingungsloses Wollen, wie auch immer, den Aufstieg zu erreichen, kann sich die Situation ändern. Ein Aufstieg in die Zweite Liga wäre ein erster Schritt. Der zweite wäre dann das Lösen von beispielsweise finanziellen Abhängigkeiten von Personen. Damit sind nicht generell die Sponsoren gemeint.

Ich bleibe dabei: Was kann der FC Hansa dafür, wenn in der Vergangenheit so viele Menschen Schindluder mit dem Verein getrieben haben. Weniger Bereicherung und mehr Begeisterung wäre bei dem einen oder anderen besser gewesen.

Wir haben damals versucht, das Beste aus den Gegebenheiten zu machen, was uns auch mit der langen Zeit in der Bundesliga gelungen ist. Von so einer Kontinuität träumen wir heute nur.

Wenn ich auch nach wie vor mit vielen Dingen nicht einverstanden bin, die im Umfeld des Vereins geschehen, mein Herz schlägt für Hansa!

Erläuterungen

1. Eine Kette spezieller Modehäuser in der DDR, in deren Geschäften elegante Kleidung und auch Jugendmode angeboten wurde.

2. Betriebssportgemeinschaft, deren jeweiliger Trägerbetrieb für die Finanzierung zuständig war.

3. Der offizielle Titel muss lauten „Sieger des Junioren-UEFA-Turniers".

4. Deutscher Fußballverband der DDR (vergleichbar mit dem Deutschen Fußballbund DFB in Westdeutschland).

5. Gemeint ist die Genex Geschenkdienst GmbH.

6. Handballer bei Empor Rostock und der DDR-Nationalmannschaft. Er durfte wegen angeblich geplanter „Republikflucht" nicht mehr Handball spielen und siedelte nach offiziellem Ausreiseantrag 1989 in die Bundesrepublik über.

7. In der DDR umgangssprachliche Bezeichnung für das Ministerium für Staatssicherheit.

8. Rundfunk- und Fernmeldetechnik (RFT): Unter dieser Marke (für die unter anderem auch das gleichnamige Kombinat produzierte) wurde in der DDR alles, was zur Unterhaltungselektronik gehörte, vertrieben.

9. Ein bewaffnetes Spezialregiment, das dem Ministerium für Staatssicherheit unterstand und das in Berlin Staats- und Parteigebäude bewachte. Es war benannt nach dem Gründer der sowjetischen Geheimpolizei Tscheka.

10. Gemeint ist Konrad Weise.

11. Der Club der Nationalspieler ist eine Vereinigung aktiver und früherer Spieler der deutschen Fußballnationalmannschaft. Mit dabei sind auch Nationalspieler der DDR.

12. Staatliche Auszeichnung der DDR.

13. Gemeint ist das gleichnamige Hotel in Warnemünde, das nach der nahen Steilküste benannt ist und in dem zu DDR-Zeiten gerne bekannte Politiker und Prominente abstiegen. Das Hotel war ein Gästehaus der SED-Bezirksleitung.

14. Die Infront Sports & Media AG ist ein Unternehmen im Bereich Sportmarketing.

15. Ministerium für Staatssicherheit (MfS)

16. Gemeint ist Jürgen Croy, der Torwart der BSG Motor/ Sachsenring Zwickau und der Nationalmannschaft.

17. Reinhard Lauck, genannt „Mäcki", spielte unter anderem beim 1.FC Union Berlin und beim BFC Dynamo. Er war WM-Teilnehmer 1974 und gewann 1976

mit der DDR Olympiagold in Montreal. Nach dem Karriereende arbeitete er unter anderem als Bauarbeiter. Lauck verfiel dem Alkohol und starb 1997 unter ungeklärten Umständen in Berlin mit nur 51 Jahren.

18. Der DDR-Fußballer setzte sich 1979 in die Bundesrepublik ab und starb 1983 in Braunschweig bei einem Verkehrsunfall. Bis heute ist nicht restlos geklärt, ob es sich um einen Mord handelt, der durch das Ministerium für Staatssicherheit in Auftrag gegeben wurde.

19. Über die sogenannte Putzfrauen-Affäre stolperte der Verkehrsminister Günter Krause 1993 und trat zurück. Seine erste Ehefrau hatte Zuschüsse für ihre Putzfrau, die vorher Langzeitarbeitslose war, beantragt. Aber Schwarzarbeit lag nicht vor, wie sich später herausstellte.

TENNEMANN Verlag:

Die Schweriner TENNEMANN media, gegründet 1999 von
Leif Tennemann, arbeitet erfolgreich als Buch- und Musikverlag
sowie Filmproduzent im Norden. Schwerpunkte sind Buch- und
Hörbuchproduktionen aus den Bereichen regionale Zeitgeschichte,
Plattdeutsch, Kinderliteratur, Belletristik, Lyrik, Kriminalliteratur
und Reportage.

Innerhalb der Musikproduktion werden nahezu alle Spielarten
bedient vom Folk über die Klassik bis zur aktuellen Rock- und
Popmusik. Die hauseigenen Editionen und Label sowie der
TENNEMANN-Vertrieb garantieren professionelle
Verwertungsketten.

Darüber hinaus betreibt die TENNEMANN media u.a. den unabhän-
gigen eigenen Pressedienst nordPR, das Online-Informations-Portal
MECK-POMM-HITS.DE sowie den TENNEMANN-Versand für
ausgewählte Nord-Produkte unter „www.tennemann.com".